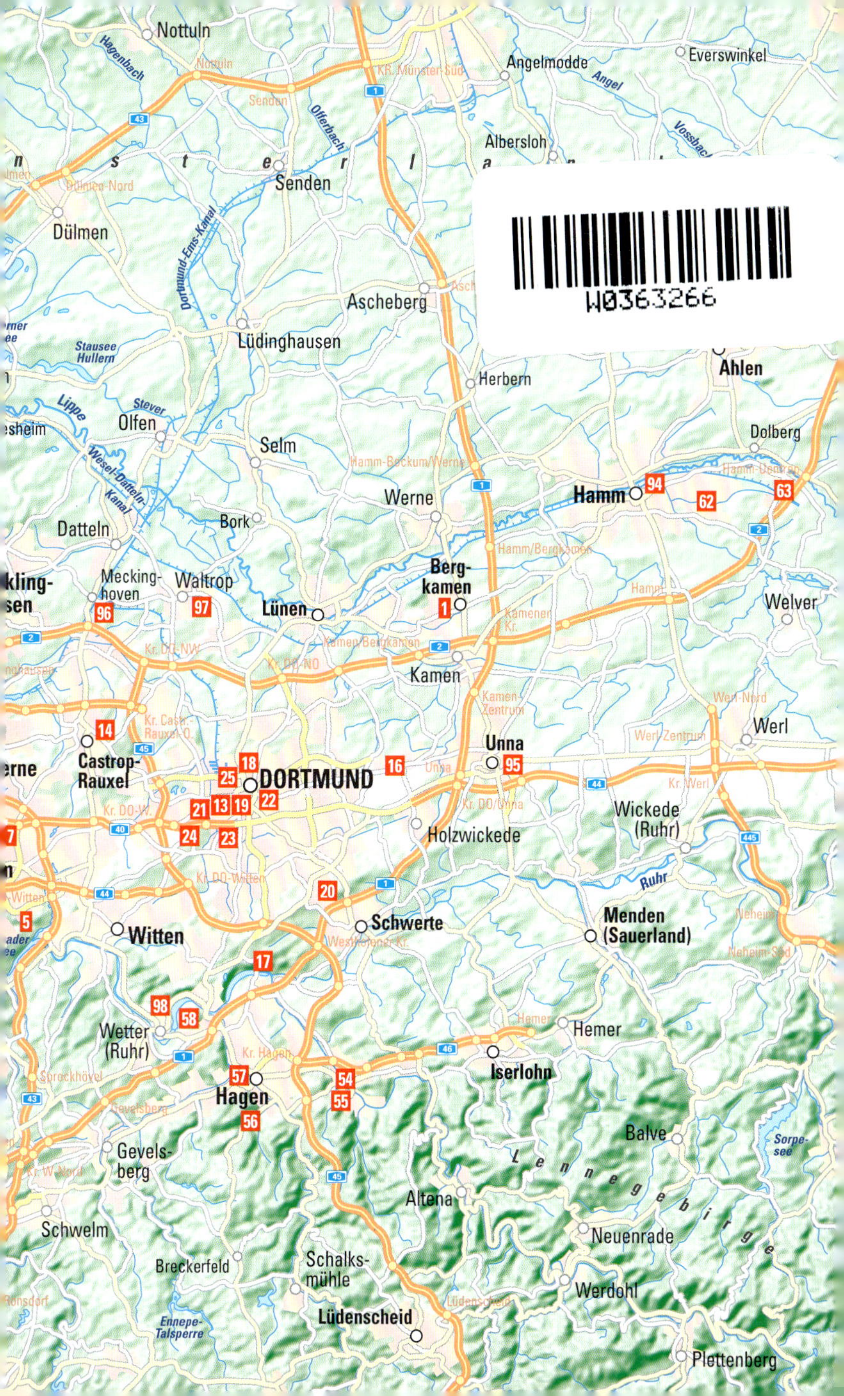
Nottuln
Hagenbach
Nottuln
Kr. Münster-Süd
Angelmodde
Everswinkel
Angel
Senden
Offerbach
Albersloh
Vossbach
Dülmen-Nord
Senden
Dülmen
Dortmund-Ems-Kanal
Ascheberg
Stausee Hullern
Lüdinghausen
Herbern
Ahlen
Lippe
Stever
Olfen
Selm
Dolberg
Hamm-Bockum/Werne
Hamm-Uentrop
Wesel-Datteln-Kanal
Werne
Hamm
94
62
63
Datteln
Bork
Hamm/Bergkamen
Mecking-hoven
Waltrop
Berg-kamen
Welver
96
97
Lünen
1
Kamener Kr.
Kamen/Bergkamen
Kr. DO-NW
Kr. DO-NO
Kamen
Kamen-Zentrum
Werl-Nord
14
Kr. Castr.-Rauxel-O.
Werl-Zentrum
Werl
Unna
Castrop-Rauxel
18
25
DORTMUND
16
Unna
95
Kr. Werl
21
13
19
22
Kr. DO-W.
Kr. DO/Unna
Wickede (Ruhr)
24
23
Holzwickede
Kr. DO-Witten
Ruhr
20
Witten
Schwerte
Westhofener Kr.
Menden (Sauerland)
Neheim-Süd
17
98
58
Hemer
Hemer
Wetter (Ruhr)
Sprockhövel
Kr. Hagen
Iserlohn
57
54
Hagen
55
Gevelsberg
56
Balve
Sorpe-see
Gevels-berg
Kr. W.-Nord
Lennegebirge
Altena
Schwelm
Neuenrade
Breckerfeld
Schalks-mühle
Werdohl
Ronsdorf
Lüdenscheid
Ennepe-Talsperre
Lüdenscheid
Plettenberg
1
2
43
44
45
46
40
445

Inhalt

99 ×
RUHRGEBIET
wie Sie es noch nicht kennen

Ulrike Katrin Peters
Karsten-Thilo Raab

BRUCKMANN

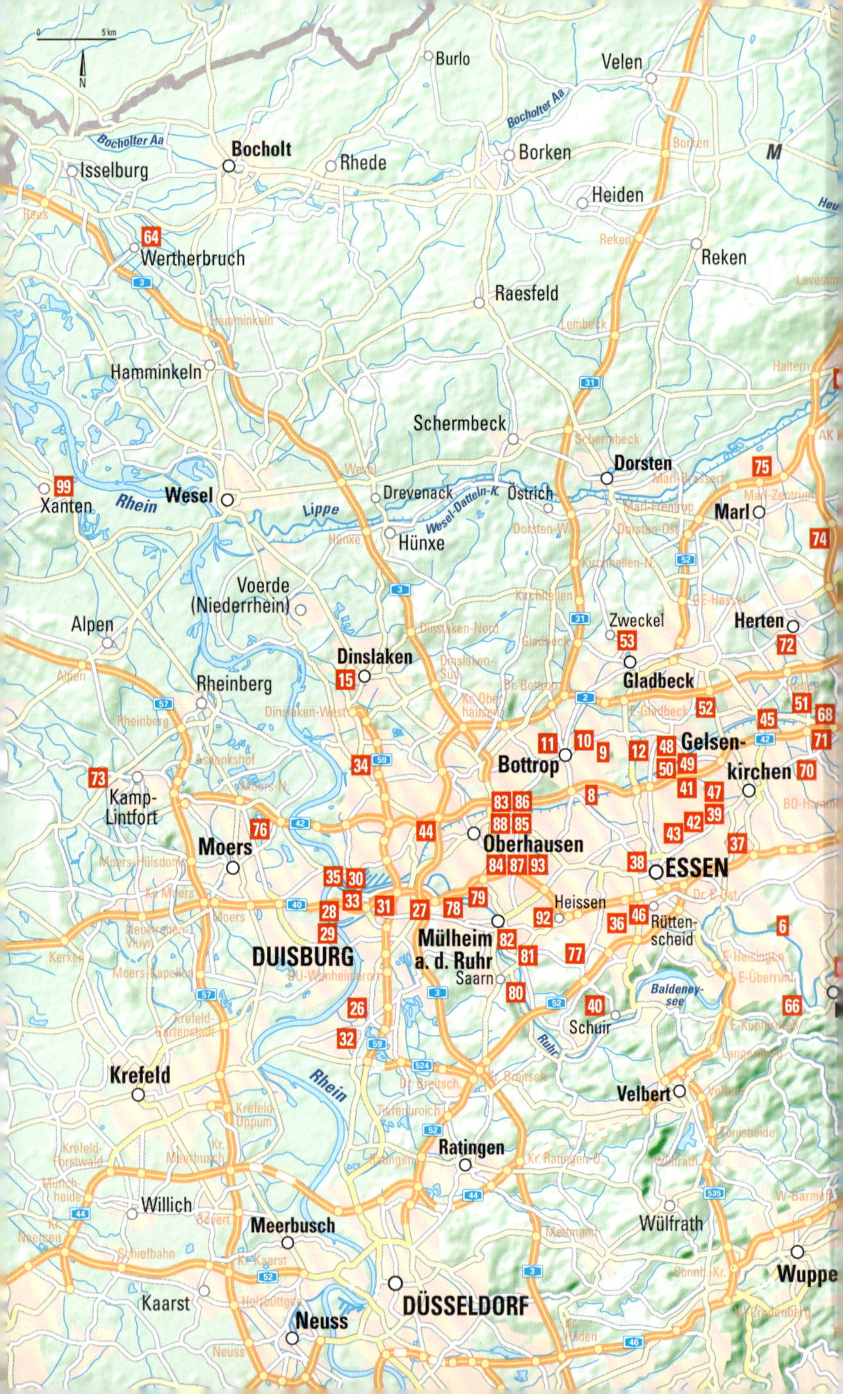

0
5 km
N
Burlo
Velen
Bocholter Aa
Bocholter Aa
Bocholt
Rhede
Borken
Isselburg
M
Heiden
64
Wertherbruch
Reken
Raesfeld
Hamminkeln
Schermbeck
Dorsten
75
99
Xanten
Rhein
Wesel
Lippe
Drevenack
Wesel-Datteln-K.
Östrich
Marl
Hünxe
74
Voerde (Niederrhein)
Alpen
Zweckel
Herten
53
72
Dinslaken
15
Rheinberg
Gladbeck
52
51
68
45
71
11
10
9
12
48
Gelsen-kirchen
49
Bottrop
50
70
34
73
Kamp-Lintfort
41
47
8
83
86
88
85
42
39
76
44
Oberhausen
43
37
Moers
84
87
93
38
ESSEN
35
30
33
79
Heissen
28
31
27
78
92
36
46
Rütten-scheid
6
29
DUISBURG
Mülheim a. d. Ruhr
82
81
77
Saarn
80
Baldeney-see
40
26
Schuir
66
Ruhr
32
Krefeld
Rhein
Velbert
Ratingen
Willich
Meerbusch
Wülfrath
Wuppe
Kaarst
DÜSSELDORF
Neuss

Vorwort

Ein Fluss, eine Region, 53 Städte und Gemeinden, 80 Häfen und gut 5,15 Millionen Einwohner: Keine Frage, das Ruhrgebiet ist einer der größten Ballungsräume Europas. Lange industriell geprägt, hat der Kohlenpott seit den 1970er-Jahren mit dem Zechensterben und dem Aus der Schwerindustrie einen gewaltigen strukturellen Wandel durchlebt. Heute präsentiert sich das Revier als eine der größten Kulturlandschaften des Kontinents mit einem schier unendlichen Angebot an Freizeitaktivitäten.

Der Pott entwickelt sich nicht erst, seit Essen und das Ruhrgebiet im Jahr 2010 Europas Kulturhauptstadt waren, mehr und mehr zu einem Urlaubsziel. Dieser Trend wird durch die Übernachtungszahlen nachhaltig dokumentiert. Allein in den letzten zehn Jahren stieg die Zahl der Übernachtungen in der Metropole Ruhr um famose 48,5 Prozent. Und 2012 konnte erstmals die Schallmauer von sieben Millionen Übernachtungen durchbrochen werden.

Diese Entwicklung dokumentiert, wie sehr das Ruhrgebiet das alte, verkrustete Klischee einer Industrieregion erfolgreich ablegen konnte. Gleichwohl stehen die einstigen Kathedralen der Industrie nach wie vor im Fokus. Viele von ihnen wurden in Kreativ- und/oder Kulturzentren, in Museen oder Freizeitparks umgewandelt. Und so sind viele der insgesamt 3500 Industriedenkmäler heute attraktive Ausflugsziele für Besucher von nah und fern.

Auch Kulturbeflissene kommen im Ruhrgebiet auf ihre Kosten, bietet die Region doch nicht weniger als 200 Museen, 120 Theater, 100 Kulturzentren, 100 Konzertsäle und zwei große Musicaltheater. Und rund 250 größere Festivals und Feste begeistern die Massen.

So sehr das Ruhrgebiet in den zurückliegenden Jahren im In- und Ausland als Kultur- und Freizeitzentrum in den Fokus rückte, so sehr hat diese Region noch Überraschendes für Gäste und Einheimische zu bieten. Auf den nachfolgenden Seiten sollen 99 Ausflugsziele, die zum Großteil wenig(er) bekannt und doch überaus lohnenswert sind, in den Blickpunkt gerückt werden. Eine Entdeckungsreise durch so manches Stück unbekanntes Ruhrgebiet, die Appetit auf mehr als nur einen Kurztrip in den Pott machen dürfte.

01 Airport-Feeling aus dem Gullydeckel

Dieses Kunstwerk als unterirdisch zu bezeichnen, ist keine Beleidigung, sondern beschreibt eine Tatsache. In Bergkamen hat Künstler Rochus Aust unterhalb der Fußgängerzone die perfekte Illusion eines unterirdischen Flughafens geschaffen, die durch die Kanaldeckel hindurch bewundert werden kann.

In Gullys fließt normalerweise etwas rein, nur selten kommt etwas aus ihnen heraus – allenfalls mal unangenehme Gerüche. Oder Wasser wird hochgedrückt, wenn die Regenmassen zu heftig waren und Laub und Unrat den Abfluss verstopfen. Anders in Bergkamen: In der Präsidentenstraße, der Fußgängerzone der 50 000-Seelen-Gemeinde im Osten des Ruhrgebiets, üben insgesamt 14 Kanaldeckel eine fast schon magnetische Anziehungskraft aus. Nicht selten beugen sich Passanten hinunter, um dem Flüstern der Gullys zu lauschen und um hineinzublicken. Denn aus den gusseisernen Abdeckungen erklingen Flughafengeräusche wie etwa Motorenlärm und Flugdatendurchsagen.

Lugt man durch die kleinen, kreisrunden Löcher, weisen beleuchtete Schilder den Weg zur Gepäckaufbewahrung, zum Abflug-Gate oder zu anderen Einrichtungen eines Flughafens. Ein Phänomen, das nichts damit zu tun hat, dass der Dortmunder Regionalflughafen nur wenige Kilometer Luftlinie entfernt ist. Vielmehr befindet sich hier am Nordberg der weltweit erste und einzige unterirdische Flughafen.

Der »subport bergkamen« ist eine humorvolle Licht- und Klanginstallation des Recklinghäuser Künstlers und Komponisten Rochus Aust, der 2005 in der Bergkamener Unterwelt den imaginären Flughafen installiert hat. Im Zehn-Minuten-Takt erklingen täglich von 10.45 bis 12.30 Uhr sowie von 15 bis 20.30 Uhr die Ansagen aus den Deckeln der Kanalisation. Diese Illusion eines unterirdischen Flughafens, auf der die Menschen bei ihrem Einkaufsbummel förmlich herumtrampeln, ist nur zeitlich begrenzt bis 2015 zu sehen und zu hören.

subport Bergkamen · Präsidentenstraße · 59193 Bergkamen
www.bergkamen.de · www.lichtgestaltung-nrw.de · www.hellweg-ein-lichtweg.de

Canon

Auf den Spuren des Grubengolds

02

»Dein Grubengold hat uns wieder hochgeholt«, skandierte einst Herbert Grönemeyer. Im Anschauungsbergwerk am Bergbau-Museum wurde zwar noch nie Kohle gefördert, und doch fahren jährlich Tausende Besucher in den Stollen ein, um hautnah zu erleben, was es heißt, unter Tage zu arbeiten.

»Tief im Westen, wo die Sonne verstaubt« – und eigentlich noch tiefer, als Herbert Grönemeyer in seiner gleichnamigen Hymne an seine Heimatstadt Bochum sang, liegt das Anschauungsbergwerk des Deutschen Bergbau-Museums. 20 Meter unter der Erde verläuft das 2500 Meter lange System aus Stollen und Streben. Zwar ist hier nie Kohle gefördert worden, gleichwohl lässt sich erahnen, unter welchen Bedingungen die Kumpel im Revier nach dem schwarzen Gold geschürft haben. Um das Grubenarbeitergefühl perfekt zu simulieren, beginnt der Gang in Tiefe mit einer Aufzugfahrt. Dabei sorgt das Geruckel des Fahrstuhls dafür, dass nicht wenige glauben, wesentlich tiefer ins Erdreich hinabzusteigen.

Nach so viel Tiefgang geht es hoch hinauf, um Bochum von der Aussichtsplattform des Fördergerüsts aufs Haupt zu schauen. Der weithin sichtbare, 71 Meter hohe Turm komplettiert die Illusion eines echten Bergwerks, zu dem der 650 Tonnen schwere Koloss tatsächlich einst gehörte. Er war bis 1973 Teil der Zeche Germania in Dortmund, bevor er dann zur Zierde des Bergbau-Museums wurde.

Auf 12 000 Quadratmetern arbeitet das Museum die Entwicklung des Bergbaus von der vorgeschichtlichen Zeit bis heute anschaulich auf. Dabei werden die verschiedenen technischen Bereiche des Bergbaus sowie seine kulturellen und sozialen Aspekte thematisch-chronologisch dargestellt. Die 2012 eröffnete Dauerausstellung »Bergbau heute – wozu?« erklärt nicht nur anhand eines aufgeschnittenen Autos, sondern auch in anderen Themenbereichen wie Energie, Salz, Erdöl, Hightech, Steine, Erden und Metall die Bedeutung von Bergbauprodukten und anderen Rohstoffen.

Deutsches Bergbau-Museum Bochum · Am Bergbaumuseum 28 · 44791 Bochum
Tel. 0234-58770 · www.bergbaumuseum.de

03 Erbsen auf halb sechs?

In dem Kinofilm »Erbsen auf halb 6« möchte sich die blinde Lilly ein Bild von dem Essen auf ihrem Teller machen. Dazu bittet sie ihren sehenden Tischnachbarn, ihr den Teller wie eine Uhr zu beschreiben. Liegt das Fleisch bei zwölf Uhr, die Erbsen auf halb sechs? Das fragen sich auch die Gäste des Restaurants Zappenduster in Bochum.

Wer diese Erfahrung einmal selbst machen oder einfach nur mal schmecken möchte, ohne dass das Auge mitisst, der ist beim »Dinner in the dark« richtig. Im Restaurant Zappenduster wählt man im Empfangsraum sein Menü aus. Die Beilagen und die Zubereitungsart verschweigt die Speisekarte bewusst, um die überraschenden Geschmackserlebnisse und das Abenteuer des Erschmeckens nicht vorwegzunehmen.

Dann bekommt man seinen persönlichen Kellner zur Seite gestellt. Das Personal ist zumeist blind oder stark sehbehindert und kann sich im dunklen Speisesaal viel souveräner bewegen als die sehenden Gäste. In der Dunkelheit wird es zum Wegweiser, zur Orientierungshilfe und zum Ansprechpartner für die zunächst etwas hilflosen Gäste.

Im Gänsemarsch geht es durch eine Schleuse in den völlig abgedunkelten Speiseraum. Man nimmt Platz und es gilt zunächst, sich mit den Sitznachbarn sowie dem vor einem liegenden Gedeck vertraut zu machen. Über Gespräche wie »Hier müsste doch irgendwo meine Gabel sein!« und unsicheres Gelächter steigt bald die Stimmung. Die Augen, die einsehen müssen, dass es hier nichts zu sehen gibt, geben mehr und mehr Verantwortung an andere Sinne ab. Kein Wunder, dass man Brot intensiv befühlt, bevor es in den Mund wandert und knuspernde Geräusche mit gespitzen Ohren wahrgenommen werden. Alles verlangsamt sich, das Einschütten des Weines in das Glas stellt eine kleine Herausforderung dar. Dafür kann man aber gemütlich am Tisch lümmeln, statt aufrecht zu sitzen. Sieht ja keiner, wenn man die Ellenbogen aufstützt!

Restaurant Zappenduster · Gahlensche Straße 129 · 44809 Bochum
Tel. 0234-6102727 · www.zappenduster-bochum.de

Die Sterne vom Himmel holen lassen

04

Dass einem von Wildfremden die Sterne vom Himmel geholt werden, ist selten. Wenn sie einem dann noch sozusagen auf dem Silbertablett serviert werden, ist man wohl restlos fasziniert. Im Planetarium Bochum heißt es: entspannt zurücklehnen und sich von weit entfernten Galaxien beeindrucken lassen!

Manch einer verwechselt ein Planetarium mit einer Sternwarte – welch ein Irrtum! Ein Planetarium bereitet das geheimnisvolle Funkeln und Glitzern am Himmelszelt hollywoodmäßig auf, visualisiert, erzählt Geschichten, erklärt Hintergründe. Der Zeiss-Projektor wirft farbenfrohe Lichtspektakel an die Kuppel, beamt seine Zuschauer mittels atemberaubender Bilder mitten in eine Milchstraße, visualisiert schwarze Löcher und bildet die funkelnden Gestirne am Nachthimmel nach.

Das Bochumer Planetarium ist eines der modernsten seiner Art und erinnert optisch an eine fliegende Untertasse. Das passt irgendwie, sind doch die bis über die Landesgrenzen hinweg bekannten Musikveranstaltungen durch die perfekte Verbindung von Ton und Bild geradezu außerirdisch schön. Besonders beliebt sind Shows wie »Edvard Grieg unterm Sternenhimmel« und »Ohrenkino« mit Musik von Elton John.

Auch bei den regulären astronomischen Shows hat der Besucher das Gefühl, nach den Sternen greifen zu können. Auch wenn das nicht wirklich gelingt, lässt sich das Weltall nach einer Infoveranstaltung besser begreifen. In der Show »Faszinierendes Weltall« wird der Besucher auf eine Reise von der Erde bis an den Rand des uns bekannten Universums eingeladen. In einem weiteren Programm geht es um die Frage, ob Leben auf anderen Sternen möglich ist. Eine dritte Show widmet sich dem rätselhaften Thema der schwarzen Löcher.

Und wer vom Thema nicht genug bekommt oder ein gar himmlisches Geschenk sucht: Der Freundeskreis Planetarium Bochum bietet auch Patenschaften für Sterne an.

Zeiss-Planetarium Bochum · Castroper Straße 67 · 44791 Bochum
Tel. 0234-516060 · www.planetarium-bochum.de

05 Lustwandeln an der RUB

Der Botanische Garten am Südhang der Ruhr-Universität Bochum (RUB) lädt in die schier grenzenlose Vielfalt der Pflanzenwelt ein. In Schaugewächshäusern gedeihen Pflanzen aus den Regenwäldern, den Trockengebieten, den Savannen Australiens und Südafrikas sowie Wasser speichernde Wüstenpflanzen.

Der BoGa, wie er kurz genannt wird, blickt auf eine mehr als 40-jährige Geschichte zurück. Eine besondere Attraktion bildet der Chinesische Garten, der seine Besucher auf gewundenen Pfaden, an kleinen Pavillons und künstlichen Teichen vorbei ins ferne Asien führt. Dieses Kleinod ist der einzige im original südchinesischen Stil erbaute Hausgarten in Deutschland. Ein solcher Ort, voll Harmonie, Pracht und Energie verdient natürlich auch einen eigenen Namen: Quian Yuan, wörtlich übersetzt »Quians Garten«. Der Name geht auf eine Erzählung des in China hoch verehrten Schriftstellers Tao Quian (365–427 n. Chr.) zurück. In einer Geschichte verirrt sich die Hauptfigur in einen von der Außenwelt abgeschnittenen Ort, eine Traumwelt, die voller Eintracht ist. Der Sehnsucht nach solch einem friedvollen, harmonischen Leben im Einklang mit der Natur kann man in den 1000 Quadratmetern des Gartens wunderbar nachspüren.

Auch die Entwicklungsgeschichte des Gartens zeugt von Harmonie und Frieden, ist er doch ein Geschenk und Freundschaftsbeweis der Tongji-Universität in Shanghai an die RUB.

Wer von Chinas Flora genug hat, der kann in einem bequemen Spaziergang schnell andere Regionen der Welt erreichen. Wie wäre es mit einer Stippvisite bei Costa Ricas Bananenstauden und Kaffeesträuchern? Oder lieber Wandeln zwischen Enzian und Edelweißen? Alles kein Problem, hier im Schatten der Ruhr-Universität: Die Kontinente liegen auf insgesamt 13 000 Quadratmetern nur einen Steinwurf voneinander entfernt und tun jeder auf seine Weise das Beste, um Faunafreunde und Erholungssuchende gleichermaßen zu beeindrucken.

Ruhr-Universität Bochum, Botanischer Garten · Universitätsstraße 150 · 44780 Bochum
Tel. 0234-3223098 · www.boga.ruhr-uni-bochum.de

053 075-8

Tummelplatz historischer Dampfloks

06

Der Besuch des Eisenbahnmuseums im Bochumer Stadtteil Dahlhausen kommt einer Zeitreise auf Schienen gleich. Das Museum bietet eine Bilderbuchkulisse zum Anfassen – noch dazu mit verschiedensten Mitfahrgelegenheiten.

Der Schienenbus »Schweineschnäuzchen« übernimmt an Sonn- und Feiertagen den Abhol- und Bringdienst – passender könnte die Einstimmung kaum sein. Zumindest für echte Eisenbahn-Nostalgiker. Der richtigerweise als Wismarer Schienenbus T2 bezeichnete Zug verbindet die S-Bahn-Haltestelle in Bochum-Dahlhausen mit dem Eisenbahnmuseum. Dabei fungiert das »Schweineschnäuzchen« aus dem Jahr 1936 als Verbindung zwischen heute und gestern. Denn im mit 46 000 Quadratmetern größten privaten Eisenbahnmuseum Deutschlands warten rund 180 historische Fahrzeuge darauf, entdeckt zu werden und Erinnerungen an jene Tage zu wecken, als die Loks noch unter Dampf standen.

Das Museum bietet einen Überblick über die Entwicklung der Dampf-, Diesel- und Elektrotriebfahrzeuge sowie der Personen- und Güterwagen seit 1853. Neben den historischen Schienenfahrzeugen rücken vor allem ein 14-ständiger Lokschuppen, eine Drehscheibe mit 20 Metern Durchmesser, ein Wasserturm, eine Signalsammlung, eine Bekohlungsanlage, ein Wasserkran und ein Sandturm in den Fokus der Besucher. Führungen, Fahrzeugpräsentationen und vielfältige Mitfahrmöglichkeiten runden den Besuch in Dahlhausen ab. Im Angebot stehen Fahrten mit der Handhebeldraisine ebenso wie Ausflüge mit historischen Dampfzügen oder der schmalspurigen Feldbahn.

Dabei präsentiert sich das seit dem Jahre 1977 auf dem ehemaligen Betriebsgelände der Reichsbahn im Bochumer Stadtteil Dahlhausen untergebrachte Museum im wahrsten Sinne des Wortes als filmreif. Diente es doch im Jahre 2003 bei den Dreharbeiten für Sönke Wortmanns Kinohit »Das Wunder von Bern« als Kulisse.

Eisenbahnmuseum Bochum-Dahlhausen · Dr.-C.-Otto-Straße 191 · 44879 Bochum
Tel. 0234-492516 · www.eisenbahnmuseum-bochum.de

07

Fernsprecher und das Fräulein vom Amt

Telefone mit Wählscheibe und Gabel zum Auflegen des Hörers gehören mittlerweile ebenso der Vergangenheit an wie die Vermittlung durch das Fräulein vom Amt. Im Bochumer Telefonmuseum kann ein Blick auf mehr als 130 Jahre elektrische Nachrichtenübermittlung im Ruhrgebiet geworfen werden.

Immer und überall erreichbar zu sein, ist im modernen Kommunikationszeitalter eine Selbstverständlichkeit. Ebenso wie die Möglichkeit, jederzeit und überall auf Informationen zugreifen zu können. Doch das war nicht immer so. Die flächendeckende Digitalisierung unserer Welt liegt noch gar nicht so lange zurück. Daran erinnert das Bochumer Telefonmuseum mit seiner umfangreichen Sammlung zur Telekommunikation aus fast anderthalb Jahrhunderten. Betrieben wird das Museum in der ehemaligen Telefonvermittlungsstelle in Bochumer Stadtteil Werne von einer Gruppe von (ehemaligen) Telekom-Technikern, die ihren Beruf zum Hobby gemacht haben. 1996 wurde der Förderverein Telekom-Historik ins Leben gerufen, um die Sammlung und die eigene Faszination für Kommunikationstechnik mit einer interessierten Öffentlichkeit zu teilen.

Als Herzstück der umfangreichen Sammlung gilt eine voll funktionsfähige Vermittlungsstelle mit Apparaten der Baujahre 1922 bis 1955. Außerdem finden sich hier Telefone aus zig Jahrzehnten vom Stadtfernsprecher OB 03 bis hin zum modernen Designapparat. Werkzeuge, Bauteile, ein Kabellöterzelt, Messgeräte oder Morseempfänger komplettieren die Sammlung ebenso wie andere längst »ausgestorbene« Dinosaurier der Nachrichtenübermittlung zu denen beispielsweise Fernschreiber oder das Telexnetz gehörten. Nicht fehlen darf zudem der Blick auf die Entstehung und Entwicklung des Mobilfunks in Deutschland.

Besucher müssen sich im Telefonmuseum aber nicht mit dem Anblick der Gerätschaften begnügen, sondern können selber vieles ausprobieren, Verbindungen aufbauen und die Funktion der Schaltglieder testen.

Museum des Fördervereins Telekom-Historik · Karl-Lange-Straße 17 · 44791 Bochum
Tel. 0234-516601970 · www.telekom-historik.de

Mit langem Sperrschritt
250V-
BP
0,2µF

SIEMENS
Entwicklung des Fernsprechens
SIEMENS
Entwicklung des Mikrofons

08 Nachtlager im Abflussrohr

Jeder, der hier vorbeikommt, möchte unbedingt mal in die Röhre: Zwischen Mai und Oktober stehen die Übernachtungsstätten in den Abflussrohren im Bernepark im Bottroper Stadtteil Ebel Interessierten offen.

Dabei ist das Online-Buchungssystem so einfach wie die Röhrenzimmer selbst: Reserviert werden kann ausschließlich über das Internet. Anschließend erhält der Gast den Zugangscode für eine drei Meter lange Betonröhre per SMS. Eine Rezeption gibt es nicht. Auch keine festen Preise. Jeder zahlt das, was er für angemessen hält und hinterlässt den Betrag in der mit einem Doppelbett, Bettwäsche und Lampe ausgestatteten Röhre.

dasparkhotel, BernePark · Ebelstraße 25a · 46242 Bottrop
www.dasparkhotel.net (Buchungen) · www.bernepark.de (allgemeine Informationen)

09 Das Airlebnis: Fliegen wie ein Vogel

Der Traum vom Fliegen ist so alt wie die Menschheit. Beim 2009 eröffneten Indoor Skydiving in Bottrop kann jeder in einem vertikalen Windtunnel frei wie ein Vogel durch die Lüfte schweben – getragen von einem Luftstrom mit bis zu 280 Stundenkilometern.

Für die einen ist es ein ideales Trainingsrevier, um Fallschirmsprünge aus 4000 Metern Höhe unter idealen Bedingungen zu simulieren, für andere ist es die gefahrlose Verwirklichung des lang gehegten Traums vom Fliegen. Beim Indoor Skydiving in Bottrop schweben Wagemutige in Overalls, mit Fliegerbrille und Helm geschützt, minutenlang durch die Flugkammer des 17 Meter hohen Windtunnels.

Indoor Skydiving · Prosperstraße 297 · 46238 Bottrop
Tel. 02041-373730 · www.indoor-skydiving.com

10 Ein Hauch von Gizeh

Niemand hat damit gerechnet, dass aus einem Stück sichtbarer und begehbarer Mathematik einmal solch eine Magnetwirkung ausgehen würde. Das Tetraeder lockt Menschen von nah und fern zur Halde an der Bottroper Beckstraße und war Vorreiter für viele Halden im Ruhrgebiet, die begrünt und mit Landmarken versehen wurden.

Vor den Erfolg haben die Götter den Schweiß gestellt, und der floss in der kleinsten Großstadt des Ruhrgebiets reichlich, ehe die 50 Meter hohe Stahlkonstruktion am 3. Oktober 1995 für die Öffentlichkeit freigegeben wurde. Entstanden ist die 60 Meter hohe Halde an der Beckstraße zwischen 1969 und 1993 durch die Aufschüttung des Abraums aus der Zeche Prosper.

Kaum einer macht sich beim Erklimmen des terrassierten Tafelbergs heute noch Gedanken darüber, was unter seinen Füßen schlummert. Hier wurde über fast zweieinhalb Jahrzehnte das Material gesammelt, das bei der Kohleförderung ans Tageslicht kam, jedoch für die Weiterverarbeitung unbrauchbar war. Die begrünten Hänge, Serpentinen und Treppen lenken vielmehr den Fokus auf den von Wolfgang Christ in Form einer begehbaren, dreiseitigen Pyramide geschaffenen Aussichtsturm.

Offiziell trägt das rund 1,2 Millionen Euro teure Stahlrohr- und Gussknoten-Gebilde den Namen »Haldenereignis Emscherblick«, auch wenn dieser kaum geläufig ist. Mathematisch versierte Besucher erkennen im Tetraeder gleich die Struktur des dreidimensionalen Analogon zum Sierpinski-Dreieck.

Frei geformte Treppen machen das 210 Tonnen schwere Kunstwerk begehbar, lassen aber diejenigen, die nicht schwindelfrei sind, und Besucher mit Höhenangst ein wenig blass um die Nase werden. Denn zum einen geben die Gitter der von Drahtseilen gehaltenen Treppen permanent den Blick nach unten frei, zum anderen schwankt das Konstrukt im Wind. Ganz zu schweigen davon, dass die oberste der drei Aussichtsplattformen in 38 Metern Höhe noch um acht Grad geneigt ist.

Tetraeder · Beckstraße · 46328 Bottrop-Batenbrock

Garten, Skulpturen & Kunst

11

Per Definition ist ein Quadrat eine geometrische Figur mit vier gleich langen Seiten und rechten Winkeln, eine ausgeglichene Komposition also. Genauso harmonisch fügt sich das Josef Albers Museum Quadrat in den umliegenden Stadtgarten ein. Draußen konkurriert mit Drinnen, Drinnen konkurriert mit Draußen.

Streift man durch den Park mit dem dahinplätschernden Bächlein, dem malerischen Teich und den Skulpturen von Donald Judd, Hans Steinbrenner, Hermann Glöckner und anderen und genießt den Blick auf das quadratisch-praktische Museumsgebäude, möchte man am liebsten immer weiter hier umherspazieren. Ist man drin und bestaunt die Kunstwerke von Josef Albers, möchte man gar nicht wieder hinausgehen – zumal das Museum zusammen mit der angrenzenden Galerie und dem Museum für Ur- und Ortsgeschichte mit einer famosen Sammlung aufwartet.

Vor allem die Arbeiten des Bauhaus-Meisters Josef Albers sind weit über die Landesgrenzen hinaus berühmt geworden. Albers setzte sich mit dem Phänomen Farbe nicht nur künstlerisch und wissenschaftlich auseinander, sondern zuweilen auch spielerisch. So werden im Museum Coca-Cola-Dosen in unterschiedlichen Rottönen präsentiert. Der Besucher muss sein Farbgedächtnis anwerfen und darf interaktiv agieren.

Der 1888 in Bottrop geborene Albers verschrieb sich als Maler, Kunstpädagoge und -theoretiker ganz und gar dem Thema Farbe. »Wenn ich male, sehe und denke ich zunächst Farbe«, lautet eines seiner Credos. Seine wohl berühmtesten Werke der Serie »Hommage to the Square« zeigen immer wieder ineinandergeschachtelte Quadrate. Die Form bleibt dabei stets die gleiche, nur die kräftigen Farben variieren.

Neben dem Quadrat schließt sich das in einer denkmalgeschützten Villa untergebrachte Museum für Ur- und Ortsgeschichte an. Hier werden prähistorische Funde präsentiert. Der Besucherliebling ist ein Mammutskelett in der Eiszeithalle.

Josef Albers Museum Quadrat · Im Stadtgarten 20 · 46236 Bottrop
Tel. 02041-29716 · www.bottrop.de/mq/

12 Auf ein Bierchen zur Ente

Der Name des Restaurants ist kurios. Noch dazu fungiert eine menschliche Ente hier als Magnet: Fußballfreunde kommen nicht nur wegen der deftigen Küche und üppigen Portionen ins Bottroper »Ich danke Sie«, sondern vor allem, um Willi »Ente« Lippens, einen den bekanntesten Kicker aus dem Kohlenpott, zu treffen.

Aufgewachsen ist er am Niederrhein in Kleve, für die benachbarten Niederlande bestritt er ein Fußball-Länderspiel und doch ist Willi Lippens eines der markantesten Gesichter des Ruhrgebiets. Nicht nur weil er zehn Jahre für Rot-Weiß Essen und danach drei Jahre für den Rivalen Borussia Dortmund in der Bundesliga stürmte und 92 Treffer markierte, erfreut sich »Ente« Lippens bis heute großer Popularität. Vielmehr wurde er zu aktiven Zeiten wegen seiner nahezu perfekten Ballbehandlung als »Ente, Fußballgott!« verehrt. Seinen Spitznamen verdankte der trickreiche Linksaußen seinem markanten Watschelgang.

In Erinnerung geblieben ist er aber vor allem dank seiner kessen Lippe, war und ist der Kultkicker doch nie um einen flotten Spruch verlegen. 1965 reagierte er beim Spiel in Herne auf die Ansage des Schiedsrichters »Ich verwarne Ihnen« mit den Worten »Ich danke Sie« – und wurde prompt vom Platz gestellt.

Nach diesem »Ich danke Sie« ist denn auch sein Familienrestaurant benannt, in dem das einstige Fußballidol fast täglich anzutreffen ist, auch wenn sein Sohn Michael als Inhaber fungiert. Und so ist die »Lippens Ranch« auch ein Anlaufpunkt für Fußballbegeisterte, die darauf hoffen, »Ente, Fußballgott!« persönlich kennenzulernen. Falls der in Ehren ergraute Ballartist nicht da sein sollte, können Fans zumindest eine nach ihm benannte Vorspeise genießen: »Willis Zwiebelnest«, gebackene Zwiebeln mit einer rauchigen Barbecuesoße. Im Sommer öffnet ein von Kastanien umrahmter Biergarten, der »Entenstall«, in dem es, egal ob Willi mitmischt oder nicht, jede Menge Geschnatter gibt. Und nicht nur über Fußball.

Restaurant »Ich danke Sie« · Gungstraße 198 · 46238 Bottrop
Tel. 02041-45935 · www.mitten-im-pott.de

Willi Lippens
RESTAURANT
Ich danke Sie!
BIERGARTEN
FREMDENZIMMER
Mitten im Pott

13 Seelentröster mit Flaschenöffner

Die ausgeprägte Büdchenkultur im Ruhrgebiet entwickelte sich ab Mitte des 19. Jahrhunderts. Damals versorgten die Verkaufsstände die Arbeiter in den Fabriken, Zechen und Stahlhütten mit sauberem Trinkwasser. Daher heißen viele dieser Buden noch heute Trinkhalle. Meist standen sie in der Nähe der Werkstore, heute gibt es in vielen Straßen gleich mehrere Buden.

Manager im feinen Zwirn und Angestellte aus Büroetagen sind an den Buden ebenso zu finden wie Männer in dreckiger Arbeitskleidung, Sportler in durchgeschwitzten Trikots oder Mütter mit Kinderwagen. Nirgendwo in Deutschland ist die Büdchenkultur so ausgeprägt.

Obwohl mittlerweile viele Supermärkte an sechs Tagen pro Woche bis spät in die Abendstunden geöffnet haben und Tankstellen rund um die Uhr allerlei Waren des täglichen Gebrauchs bereithalten, sind die Buden aus dem Revier nicht wegzudenken. Gemäß einer Statistik des Regionalverbandes Ruhrgebiet gibt es im Pott rund 18 000 dieser Kioske. Einige sind etwas größer, haben sogar einen kleinen Verkaufsraum, andere bedienen die Kundschaft durch eine fenstergroße Klappe.

Alle diese Kioske haben ein überschaubares Angebot: Zeitungen und Magazine, ein paar Lebensmittel, Eis, Süßkram und Getränke – vor allem ein kühles Bier. Manche halten auch belegte Brötchen und Würstchen vor. Doch dies ist oft eher zweitrangig. Denn die Buden sind häufig Treffpunkt, Gerüchteküche, Kontaktbörse und zweites Wohnzimmer für viele. Sie sind aber auch Enklaven des Lachens und des Lästerns, in denen ein scheinbar nie enden wollender Marathon an Trinksprüchen und Tresenpolitik dazu beiträgt, dass sich die Probleme der Welt in Wohlgefallen auflösen. Und so gehört es zum Selbstverständnis der meisten Kioskbetreiber, einen gepflegten Plausch mit den Kunden zu halten. Mal scherzen sie mit den Gästen, mal philosophieren sie mit ihnen über Gott und die Welt, mal fungieren sie als Seelentröster.

14

Sonnenuhr mit Trampelpfad

Die Sonne zeigt auf der Halde Schwerin, was die Stunde geschlagen hat. Die künstliche Erhöhung ist Ausguck und Kunstwerk zugleich und soll als Raum interpretiert werden, wo Sonnenlicht, Energie und Zeit visuell erfahrbar sind. Doch auch für diejenigen, die mit dem künstlerischen Ansatz wenig anfangen können, ist Castrop-Rauxels höchster Punkt einen Besuch wert.

Nach der Schließung der Zeche Erin im Jahr 1983, die zugleich das Ende der Bergbautradition in der 75 000-Seelen-Gemeinde markierte, und angesichts des Strukturwandels spotteten nicht wenige, die höchste Erhebung Castrop-Rauxels sei der Schuldenberg. Tatsächlich ist die Stadt nicht gerade von Bergrücken durchzogen. So verwundert es wenig, dass die mit 147 Metern höchste Erhebung von Menschenhand geschaffen wurde. Die 15 Hektar große Halde Schwerin birgt unter sich den Abraum der ehemaligen Zeche Graf Schwerin, die 1967 die Förderung einstellte.

Der im Quellgebiet des Deinighauser Baches gelegene künstliche Berg wurde schon 1993 zur begehbaren Landschaftsskulptur umgestaltet, die von einer Sonnenuhr mit einem Durchmesser von 16,50 Metern gekrönt wird. Zehn Meter hoch ragen die 24 kreisförmig angeordneten Edelstahlstelen des von Jan Bormann geschaffenen Kunstwerks in die Höhe. Ein parallel zur Erdachse verlaufender Stab, der mit der 12-Uhr-Stele ein Dreieck bildet, zeigt durch seinen Schattenwurf die Zeit an. Die Uhr ist nach Norden ausgerichtet und soll dazu anregen, sich mit der Zeit als Prozess auseinanderzusetzen.

Auch der Weg zur Uhr über das sogenannte »Geokreuz« gestaltet sich spannend: Die Treppenstufen sind aus unterschiedlichen Materialien gefertigt. Im Norden sind dies Eisenbahnschwellen, im Süden Grubenhölzer, im Westen Eisenbahnschienen und im Osten massive Stahlbrammen. Die Materialien sollen die Natur-, Menschheits- und Industriegeschichte des Reviers widerspiegeln, indem sie Ausgangsmaterial und Produkt zeigen.

Halde Schwerin · Bodelschwingher Straße · 44577 Castrop-Rauxel

TRABRENNVEREIN

Ein Hauch von Ascot am Niederrhein

15

Ja, wo laufen sie denn? Nicht nur der geniale Vicco von Bülow alias Loriot käme auf der Trabrennbahn in Dinslaken am Niederrhein voll auf seine Kosten. Bei den Pferderennen ist das Setzen auf Platz oder Sieg ein fester Bestandteil des Publikumsvergnügens, auch wenn nicht jeder Tipp gewinnt.

Kleine Kerle mit bunten Jacken und Helmen sitzen auf dem einachsigen Fuhrwerk, dem Sulky, die Zügel fest in der Hand. Die hoch aufgeschossenen Pferde legen eine schnelle Zweitaktgangart an den Tag, bei der sie jeweils das diagonale Beinpaar gemeinsam vorschwingen. Damen mit ausladenden Hüten, elegante Herren, aber auch Männer und Frauen im legeren Alltagslook hält es kaum auf den Sitzen. Aufgeregte Lautsprecherdurchsagen sorgen für zusätzliches Kribbeln bei Pferd, Fahrer und Zuschauern. Stampfendes Hufgetrappel und hochfliegende Erde – so was gibt es nicht nur in »good old England«. Auch in der 70 000-Einwohner-Gemeinde Dinslaken herrscht beim traditionellen Trabrennen ein Hauch von Ascot.

Dabei genießt die Trabrennbahn ein besonderes Herausstellungsmerkmal: Als einzige Halbmeilenbahn ist sie zugleich die kürzeste in Deutschland. Die gerade einmal 800 Meter lange Rennstrecke sorgt für eine ganz besondere Atmosphäre. So sind die Zuschauer auf direkter Tuchfühlung mit den schnellen Trabern, ihren Fahrern und der Spannung, die Mensch und Tier umgibt.

Sätze wie »Lincolns Crown gewinnt über Steherdistanz nach Zielfoto, Lotus Star bleibt auch beim sechsten Bärenkamp-Auftritt unantastbar« dürften vor allem bei wettbegeisterten Pferdeliebhabern wie Musik in den Ohren klingen. Wer aber ein bisschen mehr Hintergrundinformationen haben möchte, der sollte eine sachkundige Führung über das Gelände buchen. Das Grundwissen über die Zweier-, Dreier- oder Platzwetten lässt sich derweil auf der Internetseite der Trabrennbahn unter dem Menüpunkt »Wettanleitung« aneignen.

Trabrennbahn Dinslaken · Bärenkampallee 24 · 46535 Dinslaken
Tel. 02064-4180, www.dintrab.net

16 Lange Hälse am Hellweg

Giraffen werden bis zu sechs Meter groß, leben in den Steppengebieten Afrikas und ernähren sich vorwiegend von Blättern. Der gefleckte Paarhufer ist ein Herdentier – in Deutschlands einzigem Giraffen-Museum tummeln sich denn auch mehr als 9000 Artgenossen aus Gold, Silber, Onyx, Alabaster, Keramik, Porzellan und vielem mehr.

Die langen Hälse drängeln sich dicht an dicht im Anbau, im Keller und im Atelier eines privaten Wohnhauses. Betreiber des Museums ist weder eine staatliche Institution noch eine Stiftung. Die tierische Sammlung wurde von einem hoch aufgeschossenen Mann mit dem Namen Heinz-Jürgen Preuß zusammengestellt. Der gelernte Maurermeister und ehemalige Mitarbeiter des Bauordnungsamtes der Stadt Dortmund hat in knapp 30 Jahren mit viel Akribie, Herzblut und manch tiefem Griff in die Privatschatulle die größte Giraffenherde der Welt zusammengetragen. Die Sammlung fand sogar Eingang ins *Guinness-Buch der Rekorde*.

Es gibt offensichtlich Nichts, was es nicht gibt. So weckt ein Blick durch die Sammlung des zweifachen Familienvaters gleichermaßen Schmunzeln, Erstaunen und Faszination. Soweit das Auge reicht, finden sich in dem kleinen, aber feinen Museum Giraffen in jeder Form und Größe: Sie zieren Aquarelle, Banknoten, Münzen, Uhren, Spieluhren, Fahnen, Karnevalsorden, Straußeneier, Ü-Eier, Telefonkarten, Jojos, Scherenschnitte, Stickereien und Teppiche, aber auch Aufkleber, Schneekugeln und Schirme. Selbst auf Windeln, Eierbechern, Schachfiguren, Zahnbürsten, Brillenetuis, Handyhaltern, Dessous, Socken, Krawatten, Kleidungsstücken, Ketten, Ringen, Manschettenknöpfen, Broschen und Krawattenklammern ist das Konterfei von Langhälsen zu sehen. Hinzu kommen Spielgeräte, Spielsachen, Stempel, Porzellan, Besteck, Briefmarken, Gemälde sowie Nahrungs- und Genussmittel wie Giraffen-Tee oder Giraffen-Bier aus Dänemark (selbstverständlich in den entsprechenden Trinkgefäßen).

Giraffen-Museum · Wickeder Hellweg 25 · 44319 Dortmund
Tel. 0231-2864577 · www.giraffen-museum.de

Road Stop
JIM BEAM

Sleep well im Ruhrpott

17

Echte Ruhrpottler behaupten oft, man müsse das Ruhrgebiet gar nicht verlassen, um die Welt zu sehen, so vielfältig sei dieser Landstrich. Auch wenn diese Ansicht von Lokalpatriotismus gefärbt sein mag – zumindest einen ersten Eindruck von Amerika gewährt ein spannendes Motel in Dortmund.

Viele Reisen durch die USA beginnen in New York – so auch im Road Stop Motel in Dortmund, wo einen eher ein Schlafreise erwartet. Die sechs Zimmer des Übernachtungsbetriebs sind eine Hommage an die Staaten, jeder Raum ist ein Unikat. Hinter der Tür des »Big Apple« beispielsweise verbirgt sich ein Wasserbett auf einer grünen Wiese. Das Fußende bildet dabei die erste Reihe eines Open-Air-Konzerts. Bühnenbeleuchtung, ein echter Hydrant sowie ein paar Bäume mitten im Raum runden die Illusion von einem Kurztrip in den Central Park ab.

Ungleich edler geht es in der Las Vegas Suite zu. Hier fühlt man sich als Gast eines Glitzerhotels! Whirlpool, dicker, gold-roter Teppich, Casino-Flair, Discokugel und Tanzstange – nicht wenige Gäste lassen hier die Nacht zum Tag werden. Rauer und rustikaler ist die Jim Beam Log Cabin: Bett und Wände sind aus massiven Baumstämmen, und in einer hölzernen Badewanne könnten Holzfäller und Vieharbeiter ihre Glieder entspannen.

Wer es gern härter mag, der bettet sein Haupt in der Gefängniszelle. Es versteht sich von selbst, dass für dieses karge Vergnügen der günstigste Preis veranschlagt wird. Für 30 Euro einmal hinter schweren Eisengittern auf einer Pritsche nächtigen und morgens in die Freiheit entlassen werden, ist eine schier unbezahlbare Erfahrung!

Wen die Lust auf Freiheit dann so richtig gepackt hat, der verlängert vielleicht seinen Aufenthalt und bucht den Harley-Davidson Room. Geschlafen wird am Rand eines Highways im Zelt. Als Schrank dienen die Satteltaschen einer Harley, die Toilette ist in einer Art Wellblechhütte untergebracht, und das Wasser fließt durch einen Motorradtank.

Road Stop Motel Dortmund · Hohensyburgstraße 169 · 44265 Dortmund
Tel. 0231-4882660 · http://motel.roadstop.de

18 Feinste Gerstensaft-Historie

Bier gehört zu Dortmund wie die schwarz-gelbe Borussia. Zwar sind die goldenen Zeiten der Dortmunder Braumeister längst vorbei, gleichwohl bemüht sich das Brauerei-Museum im Norden der Stadt, ein Stück weit die Geschichte und Tradition des hiesigen Gerstensafts zu bewahren.

Kohle, Stahl und Bier – schwarzes, rotes und goldgelbes Gold – prägten über viele Jahrzehnte das Bild Dortmunds. Parallel zum Aufblühen der Montanindustrie entwickelte sich in der Westfalenmetropole eine florierende Brauwirtschaft – eine Tradition, die nachweislich bis ins Jahr 1266 zurückreicht. 1826 besaß Dortmund stolze 38 Brauereien. 1964 katapultierte sich die Dortmunder Brauindustrie mit einem Ausstoß von vier Millionen Hektolitern jährlich an die kontinentale Spitze. Europas Bierhauptstadt wurde im weltweiten Vergleich lediglich durch die Brauindustrie im amerikanischen Milwaukee übertroffen.

Parallel zum Zechensterben und zum Niedergang der Montanindustrie folgte auf dem Biermarkt eine Schließungs- und Fusionswelle, die auch vor den Dortmunder Traditionsbetrieben nicht haltmachte. Heute sind mit Hövels, der Actien- und der Bergmann-Brauerei lediglich noch drei Bierhersteller in der Westfalenmetropole beheimatet.

Derweil bemüht sich das 2006 eröffnete Brauerei-Museum, die Geschichte des Dortmunder Bieres, der örtlichen Brauereien sowie deren Blütezeit in den 1950- bis 1970er-Jahren anschaulich aufzuarbeiten. In der über 100 Jahre alten Maschinenhalle der ehemaligen Hansa-Brauerei wird nicht nur ein Stück Tradition bewahrt, sondern auch ein Einblick in die Brauprozesse seit dem Mittelalter vermittelt.

Zu den Prunkstücken der auf knapp 1100 Quadratmetern ausgestellten Sammlung gehören neben einem Lieferlaster von 1922 eine Dampfmaschine, ein Abfüll- und Flaschenreinigungsautomat, eine Laboreinrichtung sowie eine vollständig erhaltene Thekenanlage aus den 1920er-Jahren.

Brauerei-Museum · Steigerstraße 16 · 44145 Dortmund
Tel. 0231-8400200 · www.brauereimuseum.dortmund.de

100 JAHRE
Union-Export
Siegel Pils
DORTMUNDER UNION BRAUEREI AG
KRUPP
KRUPP
Baujahr 1922

KRONES

„ADW"
Suppositorien-Presse

Glycerin
dilut.

Pillendreher und Zäpfchenmacher

19

Die Adler Apotheke ist nicht nur das älteste Unternehmen in Dortmund, sondern auch die älteste Apotheke in Westfalen. Bereits 1392 fand sie erstmals urkundliche Erwähnung. Das angegliederte kleine Museum zeigt die wohl größte private pharmaziehistorische Sammlung Deutschlands.

Das Treppenhaus zieren Reklameschilder aus längst vergangenen Tagen. Auf der weißen Tür im zweiten Untergeschoss ist ein Adler zu sehen. Der Schritt über die Schwelle kommt einer kleinen Zeitreise gleich, denn hinter der schlichten Pforte schlummert auf 130 Quadratmetern ein faszinierender musealer Schatz. Geheimnisvoll anmutende Gerätschaften, Waagen, Mörser und Reibschalen fallen einem auf den ersten Blick ins Auge. Aber auch Schröpfköpfe, eine Drogenmühle, Stand- und Aufbewahrungsgefäße, Destillierhelme, Kolben, Retorten, Florentiner Flaschen, Wiegemesser, Botanisiertrommeln und ausgestopfte Tiere sind in den liebevoll eingerichteten Räumen zu finden. Keine Frage, das kleine, aber feine Apothekenmuseum im Herzen der Dortmunder Innenstadt vermittelt einen lehrreichen Einblick in einen der ältesten Berufszweige der Welt.

Nirgendwo wird der Wandel des Berufsbilds deutlicher als in den eigens dafür hergerichteten Kellerräumen. Sieben Meter unter Straßenniveau können hier Interessierte unter fachkundiger Führung einen Streifzug durch 360 Jahre Apothekengeschichte unternehmen. Zu den besonderen Raritäten gehören historische Inhalationsgeräte, Aufbewahrungsgefäße für Blutegel, eine Reiseapotheke aus dem 19. Jahrhundert sowie eine Betbank mit integrierter Wärmflasche.

Beim Besuch des Apothekenmuseums bleibt aber nicht alles nur graue Theorie. Die Gäste dürfen selbst Hand anlegen. Sie lernen, wie eine Zäpfchenmaschine verschraubt und Pillen gedreht wurden und wie mit schweren Mörsern verschiedene Ausgangsstoffe in mühevoller Handarbeit zu Pulver zerkleinert wurden.

Adler Apotheke, Ulrich Ausbüttel · Markt 4 · 44137 Dortmund
Tel. 0231-572621 · www.ausbuettels.de

20 Pilgerstätte für Schlagerfreunde

Im Gedenken an den 1991 verstorbenen Roy Black unterhält die Familie Tiemann in der einst von dem Showstar privat genutzten Wohnung eine kleine Sammlung von Fotos, Zeitungsberichten, Tonträgern, Kleidungsstücken und viel Wissenswertem um den populären Sänger und Schauspieler.

Mit bürgerlichem Namen hieß er Gerhard Höllerich, als Künstler nannte er sich in Anlehnung an sein Idol Roy Orbison und wegen seiner dunklen Haare Roy Black. Als Schlagersänger, Filmstar und Frauenschwarm wird er noch heute, mehr als zwei Jahrzehnte nach seinem Tod mit gerade einmal 48 Jahren, verehrt. Obschon er ein Leben im Rampenlicht führte, wussten nur wenige, dass er sich in seiner Freizeit gerne in ein kleines Refugium im Dortmunder Stadtteil Aplerbeck unweit des Schwerter Waldes zurückzog. Hier genoss er im Hause von Irmgard und Friedhelm Tiemann über zwei Jahrzehnte lang immer wieder die Ruhe abseits des Rummels.

Die Eheleute hatte er 1971 im Rahmen der Bundesgartenschau in Köln kennengelernt, es entwickelte sich eine innige Freundschaft. Die Tiemanns begleiteten ihn zu Auftritten, Konzerten, Tourneen sowie Film- und Plattenaufnahmen. Roy Black wiederum bezog eine 110 Quadratmeter große Wohnung im Haus der Tiemanns. Und eben diese Dachwohnung sieht noch immer bis ins letzte Detail so aus wie an dem Tag, als der Star sie zum letzten Mal betrat.

Um das Gedenken an ihren Freund aufrechtzuerhalten, wandelte das Ehepaar die Wohnung in ein privates Museum um. Dieses kann nach vorheriger Anmeldung kostenlos besucht werden – jede Menge Anekdoten inklusive. Neben der Originaleinrichtung sind Goldene Schallplatten und andere Auszeichnungen, Tonträger, Bücher, unveröffentlichte Fotos, Kleidungsstücke und sogar ein angebrochenes Parfüm des Idols zu bestaunen. Und im Archiv dokumentieren Dutzende Ordner mit Presseartikeln den Lebensweg des Gerhard Höllerich.

Roy Black Archiv · Irmgard und Friedhelm Tiemann
Maulwurfsweg 45 · 44267 Dortmund
Tel. 0231-484046 · http://home.arcor.de/royblackarchiv/

»DIE SUPER-HITPARADE«
EIN HERZ FÜR KINDER
Polydor
ROY BLACK
SO WIE WIR ZWEI
Mein unglaubliches Leben
KRITISCHES LESEN 4
8. Schuljahr
1968
Heino
R.Carrell Die Welt ist eine Show
Uschi Glas
Mit einem Lächeln
WINNETOU UND ICH
Pierre Brice
LÜBBE
UNSERE BAMBI-LIEBLINGE
PIERRE WIE ICH DICH SEHE
BÜCHER
ZEITSCHRIFTEN
Roy Black Archiv

2
Brackel
2
259

21

Arbeiten? Aber sicher

Eine Ausstellung zum Thema »Arbeitswelt und Arbeitsschutz«? Klingt erst einmal ziemlich dröge. Betritt man aber die DASA, erkennt man schnell, dass es faszinierende Themen sind, die jeden von uns betreffen. Besonders spannend sind all die Stationen, an denen man selber etwas ausprobieren kann.

In der DASA lässt sich auf Knopfdruck kinderleicht ein Industrieroboter in Aktion versetzen. Ein solcher Roboter führt Arbeitsschritte wie Montieren, Schweißen oder Lackieren aus – Tätigkeiten, die heute kein Mensch mehr gerne macht, weil sie eintönig, gefährlich oder laut sind.

Auf 13 000 Quadratmetern setzt sich die DASA mit allen Aspekten rund um Risiken und Gefahren der Arbeitswelt auseinander und lädt zu interessanten Experimenten ein. So lernt man die Arbeit des Fluglotsen kennen oder auch den eines Piloten. Features wie ein Schwerhörigkeits-Simulator, ein Lärmtunnel, eine historische Straßenbahn und die DASA-Erlebnisbahn runden die kurzweilige Reise in die Arbeitswelt ab.

Die Erlebnisbahn bildet für viele Besucher den Höhepunkt des Rundgangs. Sie ist eine Art Geisterbahn, in der alle möglichen Arbeitsunfälle passieren. Zunächst heißt es Platz nehmen in den kleinen vergitterten Wagen, dann geht es durch eine Schleuse ins Dunkel. Der Wagen ruckelt, droht zu entgleisen, um gleich darauf durch vermeintlich giftige Dämpfe und unter einem umstürzenden Regal durchzufahren. Das kurze, aber eindringliche Erlebnis macht klar: Wer Arbeitssicherheit auf die leichte Schulter nimmt, dem drohen gesundheitliche Schäden.

Einen Gegensatz zu modernen Exponaten wie Hubschrauber, ergonomischen Büromöbeln und Aufnahmen mit dem Floureszenz-Lichtmikroskop bilden die oft monströs erscheinenden alten Druck- und Webmaschinen. Der erste Vorwerk-Staubsauger hingegen gleicht einer Mischung aus Besen und Sauger, und die erste Waschmaschine mit Wringeinrichtung kam noch wie ein Holzbottich daher.

DASA Arbeitswelt Ausstellung · Friedrich-Henkel-Weg 1–25 · 44149 Dortmund
Tel. 0231-90712479 · www.dasa-dortmund.de

22 Geflügelte Dickhäuter

Was macht ein kunterbuntes, lebensgroßes, mit Flügeln versehenes Nashorn vor dem Dortmunder Südbad? Es trägt nicht nur einen rot-weiß geringelten Badeanzug, Taucherbrille und Seepferdchen-Abzeichen, sondern auch noch orange Schwimmflügel über den Nashornflügeln und ist Teil einer stadtweiten Kunstaktion.

Kunst verleiht Flügel, weil sie beflügelt. Nashörner sind zwar Dickhäuter, ihr Gehör gilt aber als besonders fein. Insofern passt ein künstlerisch veredeltes Nashorn wunderbar als Markenzeichen zu einer Stadt, die sich Anfang des 21. Jahrhunderts ein neues Konzerthaus gönnte. Als in den Jahren 2000 bis 2002 für die Westfalenstadt ein Koloss von einem Konzerthaus an der Brückstraße geplant wurde, suchte man gleichzeitig nach einem passenden Wappentier – nach einem, das auffällt, frech, frisch, sympathisch ist und gleichzeitig Aufmerksamkeit für Musik und Kunst weckt.

Der Künstler Carsten Hückert nahm die Herausforderung an und entwickelte eine erste zwei Meter lange und 1,50 Meter hohe Nashorn-Skulptur. Die Idee fand Anklang. Sponsoren konnten für gut 3000 Euro einen Rohling erwerben, selbst gestalten oder von Künstlern verschönern lassen. Die farbenprächtigen, oft witzigen Ergebnisse findet man seit 2006 im gesamten Dortmunder Stadtgebiet. Zeitweise standen über 120 Dickhäuter in den Straßen, heute sind es immerhin noch 50 Exemplare.

Das geflügelte Nashorn wurde mit der Fußball-WM 2006 zum Erkennungsmerkmal für Dortmund. Die Stadt ließ Nashörner in den Landesfarben der in Dortmund gastierenden Mannschaften anfertigen und schuf so ein beliebtes Fotomotiv für Gäste aus dem In- und Ausland.

Nashörner haben zu allen Zeiten die Menschheit so fasziniert, dass sie seit jeher auch Teil der Kunst waren – bereits vorgeschichtliche Jäger- und Sammlergemeinschaften bildeten sie in Felsmalereien ab. Wie schön, dass in Dortmund die Faszination für die sympathischen Vegetarier wiederbelebt wurde.

www.dortmunder-nashoerner.de

www.ag-kampstrasse.de
BOULEVARD KAMPSTRASSE
meine adresse !

FUSSBAL
EINS PO

23

Schwarz-gelbe Pilgerstätte

Kultclub Borussia Dortmund hat sich mit dem Borusseum ein eigenes Denkmal gesetzt. In dem kleinen Museum im Signal Iduna Park, der Heimspielstätte des Fußballbundesligisten, wird die Tradition der Schwarz-Gelben wachgehalten und fortgeschrieben – eine Pilgerstätte für alle BVB-Jünger und Fußballfans.

Wenn Steine reden könnten, wüssten die, aus denen das BVB-Stadion errichtet ist, so manche Geschichte aus der Welt des Fußballs zu erzählen: von Triumphen, von Sternstunden, aber auch von tragischen Momenten und schmerzlichen Niederlagen. In dieser Arena in der Legenden geprägt und Helden geboren wurden: Der Signal Iduna Park gilt als Fußballtempel. Die Götter tragen hier Schwarz-Gelb und werden bei jedem Heimauftritt von mehr als 80 000 Fans lautstark unterstützt.

Und das Gros von ihnen ist fraglos bereits einmal im Inneren der nordöstlichen Stadionecke abgetaucht, um der Geschichte des BVB auf den Grund zu gehen. Das Borusseum, das Museum des Bundesligisten Borussia Dortmund, ist seit der Eröffnung 2008 ebenso wie die Heimspielstätte zu einer wahren Pilgerstätte geworden. Sechs Ausstellungsinseln bereiten auf 950 Quadratmetern die Vereinsgeschichte seit der Gründung im Jahre 1909 auf. So lässt sich im nachgebauten Gründungslokal »Zum Wildschütz« die Aufbruchstimmung der BVB-Pioniere nachempfinden oder dem Mythos der legendären Kampfbahn Rote Erde nachgehen. In einem kleinen Kino werden Sternstunden aus der Borussen-Historie gezeigt und sorgen nicht selten für Gänsehaut-Feeling bei den Fans.

Mit der 36 Meter breiten und drei Meter hohen »Gelben Wand« prägt zudem ein Abbild der voll besetzten Südtribüne die Atmosphäre des Museums. Prunkstück des mit Raritäten vollgestopften Borusseums ist jedoch die Schatzkammer, in der stolz die wichtigsten Trophäen der Vereinsgeschichte – vom DFB-Pokal über die Meisterschale bis hin zum Europapokal der Pokalsieger und dem Champions-League-Pokal – präsentiert werden.

Borusseum · Strobelallee 50 · 44139 Dortmund
Tel. 0231-90201368 · www.borusseum.de

24 Führerlos abhängen

So berühmt wie die Wuppertaler Schwebebahn ist die Dortmunder H-Bahn nicht. Hier plumpste kein Elefant werbewirksam aus einer Gondel wie 1950 in der Stadt an der Wupper. Für Schlagzeilen sorgte in Dortmund jedoch 2012 ein Zusammenstoß mit einem Müllcontainer, bei dem 27 Verletzte zu beklagen waren.

Die Dortmunder Hängebahn ist wesentlich jünger als die im Jahre 1901 in Betrieb genommene Wuppertaler Schwebebahn und verfügt über ein deutlich kürzeres Streckennetz als das Wahrzeichen aus dem Bergischen. Wobei die insgesamt nur 3,162 Kilometer lange Fahrstrecke der zwei eingesetzten Linien weit außerhalb der Innenstadt im Stadtteil Eichlinghofen zwischen der Universität und dem Technologiepark verläuft.

Erst 1984 wurde der erste Teilabschnitt der führerlosen H-Bahn auf dem Campus der Hochschule in Betrieb genommen. Seither befördert die vollautomatisch gesteuerte Großkabinenbahn täglich rund 5000 Fahrgäste – vornehmlich Studenten, die zwischen den Universitätsgebäuden und der S-Bahn-Station pendeln.

Die Kabinen hängen mit je zwei Fahrwerken an einem Hohlkastenträger, in dem Antrieb, Führung und Stromversorgung untergebracht sind, und können auf bis zu 50 Stundenkilometer beschleunigt werden. Gesteuert wird die H-Bahn von einer zentralen Leitstelle aus. Die Bahn kann je nach Auslastung im Takt- oder im Rufbetrieb eingesetzt werden.

Die auf Stelzen verkehrende H-Bahn war bei ihrer Einweihung aufgrund der Tatsachen, dass sie wenig Fläche benötigt, kreuzungsfrei fährt und dank ihrer individuellen Streckenführung nicht in den normalen Verkehr eingreift, eine technische Revolution. Gleichwohl konnte sie sich außerhalb Dortmunds als Verkehrsmittel nicht durchsetzen. Grund war, dass zum Zeitpunkt der Serienreife viele Städte Millionen in ein vergleichsweise teureres U-Bahn-Netz investiert hatten, sodass ein neuerlicher Technologiewechsel angesichts der bereits geleisteten Ausgaben ausschied.

H-Bahn-Gesellschaft Dortmund mbH · Emil-Figge-Straße 71d · 44227 Dortmund
Tel. 0231-75755 · www.h-bahn.info

DEW21
Lokalpatriot.
Technologiezent
H-BAHN21

LINIE
403
Kampstraße
13
ReiseCafé
STOFFREGEN
ReiseCafé
2

Nächster Halt: Kühles Blondes

25

Bahnenthusiasten werden bereits beim Anblick der niedlichen, 1974 gebauten und 2011 außer Dienst gestellten Straßenbahn 403 frohlocken. Aber auch, wer einfach nur ein gemütliches Plätzchen zum Verweilen, Kaffee- oder Bierchentrinken und Plauschen sucht, ist im Straßenbahncafé bestens aufgehoben.

Die Bimmelbahn verströmt ihren ganz eigenen Charme. Ihr offizieller Titel lautet »Gleistriebwagen mit acht Achsen«, kurz: GT8. Nach 27 Jahren treuer Beförderungsdienste entschloss man sich, dem Wagen mit der Nummer 13 eine Art »Gnadenbrot« am Rand der Dortmunder Fußgängerzone zu geben. Lediglich der heutige Thekenbereich wurde etwas umgebaut, der Rest der Bahn ist noch im Originalzustand.

Nicht selten summen Besucher, die das erste Mal hier zu Gast sind, altmodische Lieder – »Einsteigen, bitte, einsteigen, bitte (…) – Liebe kleine Schaffnerin, sag, wo fährt Dein Wagen hin …« Die Bahn verströmt eben jede Menge historisches Flair. Die hausgemachten belgischen Waffeln, die mit Sahne oder Eis serviert werden, versüßen den Moment zusätzlich.

Das Straßenbahncafé ist nur im Sommer geöffnet, und drinnen hinter den Glasscheiben kann es an Sonnentagen leicht zu warm werden. Dann gilt es, einen der begehrten Plätze draußen, an den Biertischen im Schatten der Bahn, zu ergattern.

Wer den Sonnenuntergang genießen möchte, ist hier richtig. Und das im doppelten Sinne des Wortes, denn neben Cocktails wie Caipirinha und dem alkoholfreien Ipanema wird auch Tequila Sunrise gereicht. Lokalpatrioten werden selbstredend eher zum original Dortmunder Bergmann-Bier greifen. Im Freien darf man übrigens zum erworbenen Getränk auch seine mitgebrachte Brotzeit verzehren – vielleicht eine Reminiszenz an des Bergmanns Henkelmann? Wer noch einen Grund zum Anstoßen sucht, der erhebe sein Glas auf die Dortmunder Stadtwerke DSW21 und die Stadt Dortmund, die dieses Projekt ermöglicht haben.

Straßenbahncafé Linie 403 · Kampstraße 4a · 44137 Dortmund
Tel. 0231-22530200 · www.linie403.de

26 Spaziergang auf der Achterbahn

Der Angerpark in Duisburg ist längst von einer Industriebrache zu einem Ort des Vergnügens geworden. Als Spaßgarant fungiert eine auf 17 Stützen montierte begehbare Großskulptur. »Tiger & Turtle – Magic Mountain« ist 90 Tonnen geschwungener Stahl mit Erlebnischarakter.

Gewöhnlich rasen Wagemutige in kleinen Gefährten auf Schienen über eine Achterbahn, ohne das Tempo kontrollieren zu können. Im Duisburger Angerpark geht es allein auf Schusters Rappen über eine 220 Meter lange Achterbahn. Allerdings wird der Looping ausgespart. Dieser ist zwar eingebaut, doch eine Sperre verhindert das Weiterlaufen mit dem Kopf nach unten. Wobei der Tiger & Turtle – Magic Mountain eigentlich keine Achterbahn ist, sondern nur optisch an eine solche gemahnt. Die 2011 eröffnete Großskulptur des Künstlerduos Heike Mutter und Ulrich Genth thront mit einer Höhe von 20 Metern weithin sichtbar auf der 63 Meter hohen Heinrich Hildebrand Höhe im Süden von Duisburg. Ein modernes Stück Ruhrgebiet an einem historischen Ort. Der künstliche Hügel lag einst auf dem Areal der 2005 geschlossenen Zinkhütte MHD Sudamin, die hier fast 100 Jahre lang produzierte. Nach deren Aus wurde deren Erd- und Abbruchmaterial zusammengefahren, unter einer Kunststoffbahn verdichtet und begrünt.

Prunkstück und Besuchermagnet der Grünanlage ist Skulptur Tiger & Turtle mit ihren gewundenen Gängen sowie unterschiedlich steilen Treppen aus Stahl und Zink. Mit jedem Schritt über die Gitterböden der weithin sichtbaren Landmarke die spiralförmigen Windungen hinauf, eröffnen sich neue Perspektiven auf die Montanstadt, den Rhein und die umliegende Landschaft bis hin zum Düsseldorfer Fernsehturm und dem Gasometer in Oberhausen. Um die Ruhrgebietsidylle komplett zu machen, rauchen in einer Stahlhütte am Fuße der Hildebrand Höhe noch immer die Schlote. Mehr Ruhrgebiet zwischen gestern und morgen geht wohl kaum.

»Tiger & Turtle – Magic Mountain« · Heinrich-Hildebrand-Höhe im Angerpark
Kaiserswerther Straße oder Ehinger Straße · 47249 Duisburg
www.tigerandturtle.duisburg.de

Tanzende Flipper

27

Der Duisburger Zoo leistete 1965 Pionierarbeit, als er als erster mitteleuropäischer Tierpark Delfine präsentierte. Seit 1968 führen diese im Delfinarium sehr zur Begeisterung vor allem der kleinen Besucher kleine Kunststücke und große Sprünge auf.

Beim Synchronschwimmen würden Ivo, Pepina, Daisy und Delphi wohl keinen Blumentopf gewinnen. Dazu haben sie alle zu sehr ihren eigenen Kopf. Was sie aber mögen, ist gemeinsam und fast parallel über eine Stange zu springen oder einem Ball hinterherzuhechten. Diese vier Tümmler sind gemeinsam mit den Nachwuchskräften Dolly und Donna die gefeierten Stars im Delfinarium des Duisburger Zoos.

In einer durch künstliche Felsen gegliederten Wasserlandschaft mit fünf Becken und einem Fassungsvermögen von drei Millionen Litern zeigen die verspielten Delfine Kunststücke mit Bällen und Reifen oder tanzen rückwärts durchs Wasser. Mit Tintenfischen, Makrelen und Heringen werden ihnen die Sprünge zudem schmackhaft gemacht. Derweil vermittelt ein Tierpfleger allerlei Wissenswertes über die intelligenten Tiere mit den 88 scharfen Zähnen und dem Atemloch auf dem Kopf. Für die Wasserqualität, aber auch für die Arbeit des Delfinariums sprechen die Zuchterfolge. Die Delfindamen Delphi, Daisy, Dolly und Donna sind alle in Duisburg geboren – Dolly sogar als Delphis Tochter, sie ist also Duisburgerin in zweiter Generation.

Der Duisburger Zoo wird durch die Autobahn A3 geteilt. Ebenso geteilt sind auch die Meinungen über das Delfinarium. Tierschützern ist dieses wegen der aus ihrer Sicht nicht artgerechten Haltung ein Dorn im Auge. Die Besucher sehen dies anders, stimmen sie doch tagein, tagaus auf beeindruckende Art und Weise mit den Füßen ab. Derweil bemüht sich das Delfinarium selber, nicht nur über die Lebensweise der sensiblen Meeressäuger, sondern auch über die Gefahren für die Tümmler durch Treibnetze und andere menschliche Faktoren zu informieren.

Zoo Duisburg · Delfinarium · Mülheimer Straße 273 · 47058 Duisburg
Tel. 0203-305590 · www.zoo-duisburg.de

28 Abtauchen im Revier

Einfach mal abtauchen – und dies mitten im Ruhrgebiet, da, wo früher die Hochöfen qualmten. Diese Vorstellung lässt sich in Duisburg in die Tat umsetzen. Denn seit 2001 befindet sich in einem Gasometer auf dem Gelände des stillgelegten Thyssen-Hüttenwerkes das größte künstliche Tauchrevier Europas.

Dort, wo bis 1985 die Gichtgase, die bei der Stahlproduktion anfallen, zwischengelagert wurden, um dann nach Bedarf zum Antrieb der Maschinen eingesetzt zu werden, tummeln sich heute Hobbytaucher von nah und fern. 1996 nahm der Tauchclub im Nordpark mit gehörigem Aufwand und massivem finanziellen Einsatz seinen Betrieb auf.

Bevor über einen Zeitraum von knapp drei Monaten insgesamt 21.000 Kubikmeter Wasser in den Gasometer flossen, wurde die künftige Unterwassererlebniswelt mit viel Fantasie und ebenso viel Einfallsreichtum entworfen und gestaltet. In das kreisförmige Becken mit einem Durchmesser von 45 Metern wurden das elf Meter lange Wrack eines Schiffes, ein Kleintransporter und ein Pkw platziert. Daneben entstand aus Beton ein künstliches Riff und in einem künstlich angelegten Röhrensystem können angehende Höhlentaucher ihr Geschick ausprobieren. Nicht zu vergessen sind ferner eine Telefonzelle, ein Briefkasten und ein Schilderbaum. Abgerundet wird die ungewöhnliche Unterwasserlandschaft durch zwei Tauchglocken mit jeweils 2800 Litern Luftinhalt, die zum kleinen Schwätzchen während des Tauchgangs einladen. Wem das nicht reicht, der hat auch die Möglichkeit, im Tauchgasometer in den Hafen der Ehe einzulaufen und vor einem sogenannten Tauchpfarrer das Ja-Wort zu blubbern – quasi ein wasserdichtes Eheversprechen.

Das Wasser im Tauchgasometer ist je nach Sonnenbestrahlung und Jahreszeit zwischen drei und 22 Grad Celsius warm. Durch die Wände dringt kein Tageslicht, trotzdem beträgt die Sichtweite aufgrund der exzellenten Wasserqualität bis zu 40 Meter.

TauchRevierGasometer · Emscherstraße 71 · 47137 Duisburg
Tel. 0203-4105353 · www.tauchrevier-gasometer.de

CAMARO
CAMARO
SUPRATEX REINFORCED
SCUBAPRO

Der letzte Dinosaurier

29

Ein ganz besonderes Revier mitten im Revier ist der Landschaftspark Duisburg-Nord. Auferstanden aus den Überbleibseln einer Stahlhütte avancierte der einstige Schandfleck inzwischen zu einem gigantischen Abenteuerspielplatz, der an den Wochenenden spektakulär illuminiert wird.

Stufe um Stufe geht es hinauf auf 80 Meter Höhe. Ein bisschen flau wird einem dabei schon. Doch die Mühen lohnen sich. Von der Aussichtsplattform des ehemaligen Hochofens 5 im Landschaftspark Duisburg-Nord bietet sich ein herrlicher Panoramablick über das Ruhrgebiet und den Niederrhein. Gleichzeitig löst sich das alte verkrustete Klischee des Kohlenpotts in Wohlgefallen auf. Nur wenig erinnert hier oben an die Zeit der Montanindustrie und des Bergbaus. Ein Schornstein hier, ein Förderturm dort – die Monumente der Industriegeschichte sind rar gesät.

Der Landschaftspark ist so etwas wie der letzte verbliebene Dinosaurier aus der Blütezeit des Ruhrgebiets. Der einstige Roheisenerzeuger von Thyssen-Krupp erscheint von hier oben im wahrsten Sinne des Wortes in einem besonderen Licht. Denn immer, wenn am Wochenende die Dämmerung einsetzt, funkeln die Hochöfen und Anlagen im bunten Neonlicht. Die spektakuläre Inszenierung trägt die Handschrift des englischen Lichtkünstlers Jonathan Park.

Und es gibt viel zu entdecken. So war das Erlöschen des letzten Hochofens im Jahre 1985 nicht das Ende, sonder vielmehr ein Anfang. Das 200 Hektar große Areal wandelte sich binnen weniger Jahre in eine faszinierende Parklandschaft. Den alten Hochöfen wurde neues Leben eingehaucht. Wo früher Malocher ihrem Tagewerk nachgingen, entstand ein einzigartiger Erlebnisraum. Der Hochofen selbst ist Aussichtsturm geworden. Die Gebläsehalle und Kraftzentrale wurden zu Veranstaltungshallen umgebaut, die Erzbunker werden als Klettergarten genutzt und im stillgelegten Gasometer befindet sich das größte künstliche Tauchrevier Europas.

Landschaftspark Duisburg-Nord · Emscherstraße 71 · 47137 Duisburg
Tel. 0203-4291919 · www.landschaftspark.de

30 Auf den Spuren von Schimmi

29 Duisburger »Tatort«- und 16 »Schimanski«-Folgen sind wegen der Kulisse und wegen des rauen Charmes von Götz George als Horst Schimanski legendär. Viele Schlüsselszenen spielten in der Kneipe »Zum Anker«, die zwischen 1906 und 1993 Treffpunkt für Anwohner und Binnenschiffer war. Dann gab sie ein Zwischenspiel als Wohnung, bevor sie 2010 als »Café Kaldi« neu eröffnete.

Das »Café Kaldi« ist ein kleines Mekka für alle, die Schimanski huldigen wollen. Hinter der schick renovierten Fassade werden heute vornehmlich Kaffeespezialitäten statt Herrengedecke serviert. Doch die Geschichte rund um dieses Gasthaus spiegelt sich noch in der Dekoration und auf der Speisekarte wider: An der Garderobe hängt eine Schimmi-Jacke, und die Currywurst wird als »Schimmi-Teller« angepriesen.

Nach dem Essen ist eine geführte Schimmi-Tour für echte Fans Pflicht. 90 Minuten lang wandelt man auf Schimmis Spuren durch den Stadtteil Ruhrort. An Originaldrehplätzen werden Fotos von Filmszenen gezeigt, Anekdoten erzählt, und ganz nebenbei erfährt man auch etwas über den bereits 1718 gegründeten Ruhrorter Hafen. Dieser ist heute der größte Binnenhafen Europas und galt mit seinen vielen Kneipen und dem Rotlichtmilieu lange als »St. Pauli des Ruhrgebiets«. Kein Wunder, dass ein hier ermittelnder TV-Kommissar ungleich raubeiniger als seine Kollegen in anderen deutschen Städten sein musste.

Dem Schnauzbartträger verzieh man in deutschen Wohnzimmern auch das ein oder andere ausgerufene »Scheiße!«. Aber wo stieß Schimanski das nicht salonfähige Wort zum ersten Mal aus? Wo aß er seine erste Currywurst? Wo knutschte er wild mit Lilo? All dies ist auf der kurzweiligen Tour zu erfahren, aber auch, dass George während der Dreharbeiten an irgendwelchen Türen klingelte und bat, das Telefon benutzen zu dürfen … In der guten alten Schimmi-Zeit gab es schließlich noch keine Handys.

Café Kaldi · König-Friedrich-Wilhelm-Straße 18 · 47119 Duisburg
Tel. 0203-5186222 · www.cafe-kaldi.de

31 Känguru, Krokodil & Springbock zum Verzehr

Lust auf eine kulinarische Weltreise? So funktioniert es: Tisch im »Mongo's« reservieren, am Buffet alle rohen Zutaten ins Schälchen füllen, die man mag, Wunsch-Soße auf das Schiefertäfelchen schreiben und alles beim Grillmeister abgeben. Nach wenigen Minuten wird das persönliche Wunschgericht serviert.

Der Name Mongo's steht für »Mongolisches Barbecue«. Das Konzept ist einfach, genial und raffiniert, denn die Zutaten, unter denen man hier wählen kann, sind auf anderen Speisekarten in Deutschland so gut wie nie zu finden. Auch wenn viele Gäste besonders gern wegen der ungewöhnlichen Fleischsorten kommen und sich zwischen Känguru, Krokodil, Springbock, Strauß, Impala, Kudu, Schwein, Pute und Ente entscheiden – hier kann man auch fleischlos satt und glücklich werden.

Exotische Fische wie Tilapiabarsch, Blue Marlin, Schwertfisch und Papageifisch zeigen, was Poseidon so draufhat. Gemüseliebhaber werden sich am Buffet ebenfalls wie im Schlemmerparadies fühlen. Kombiniert man die Mie-Nudeln nun am besten mit Spitzkohl, Austernpilzen und Wasserkastanien oder doch eher mit Coco-Bohnen und Kochbananen? Ausprobieren ist ausdrücklich erlaubt, schließlich kann man beim »Total Mongo's« einmal zahlen und so lange schlemmen, bis der Bauch die rote Karte zeigt.

Die Idee stammt übrigens wirklich von den Mongolen. Sie zogen einst als Nomaden durch die Steppe und aßen, was Flora und Fauna ihnen boten. Kurz über dem Feuer gegart und mit einer anständigen Sauce versehen, war so Abwechslung garantiert.

Das wirkliche Geheimnis des unnachahmlichen Geschmacks liegt auch in den hausgemachten Marinaden. Je nach Geschmack wählt man zwischen Thai red Curry, das auf der Basis von Kokosmilch fein mit roter Currysauce abgeschmeckt ist, Malay Satay, die Sauce der fernöstlichen Straßenküchen aus Erdnusspaste, Honig und Zitrone und Sambal Olek, die schön cremig daher kommt, oder drei anderen Marinaden.

Restaurant Mongo's · Philosophenweg 17 · 47051 Duisburg
Tel. 0203-2808949 · www.mongos.de
(weitere Niederlassungen z.B. in Dortmund, Bochum und Essen)

32 Abschlag im Dunkeln

In geheimnisvoll leuchtende Schwarzlichtfarben gehüllt, wartet die Minigolfanlage im Duisburger Stadtteil Huckingen mit spektakulären Licht- und Soundeffekten auf. Es gilt, die unterschiedlichen Fantasiewelten mit allen Sinnen spielerisch – zu erkunden.

Der Name täuscht. Mit Mondlicht hat das Ganze wenig zu tun, auch wenn der Spielbetrieb bis spät in den Abend geht. Denn ob der Mond tatsächlich aufgegangen ist, bekommt in der Halle niemand mit. Doch hier soll auch niemand hinters Licht geführt werden. Vielmehr geht es darum, gepflegt eine Runde Minigolf zu spielen – allerdings vor einer in Schwarzlicht getauchten Kulisse. Dabei bedienen sich die Betreiber von Moonlight Minigolf eines simplen Tricks. Denn Schwarzlicht ist für das menschliche Auge nicht zu erkennen. Umso intensiver wirken die fluoreszierenden Farben, in denen hier eine Unterwasser-, eine Ritter- und eine Dschungelwelt geschaffen wurden. Auch die Bälle sind, um die Treffsicherheit zu erhöhen, in Neonfarben gehalten.

Bunte Fische, leuchtend grüne Wasserpflanzen, Meerjungfrauen, Seepferdchen und Muscheln, aber auch Haie, Korallen und Seesterne bevölkern die Wände und Teile des mit Teppichen ausstaffierten Fußbodens. Die Bahnen selbst sind ganz in Schwarz getaucht – sieht man von den farbigen Hindernissen ab. Da erheben sich mal kleine Felsbrocken, dann wieder Vulkane mit lebensecht wirkenden Löwen, Krokodilen, Papageien, Schlangen oder Magiern.

Hat man sich erst einmal an das Licht der Farbenwelt gewöhnt, rollt der leuchtende Ball fast wie von selbst, wenn auch nicht unbedingt sofort ins Loch. Dafür lässt sich der Spaß durch eine 3-D-Brille, die an der Kasse erhältlich ist, noch erhöhen. Denn plötzlich scheinen die Figuren beim Abschlag auf einen zuzuschießen, so realistisch sind diese dargestellt. Wer noch nicht genug hat, kann anschließend neun weitere Bahnen in einer Dinosaurier-Welt im Atrium angehen.

Moonlight Minigolf · Am Neuen Angerbach 28 · 47259 Duisburg
Tel. 0203-7585212 · www.moonlight-minigolf.de

Platte Orange trifft Rhein und Ruhr

33

Inmitten des Duisburger Hafengebiets endet nach 219 Kilometern die Ruhr – und auch der 230 Kilometer lange Ruhrtalweg. Genau an dieser Stelle, an einem sich breit entfaltenden Industriepanorama, ragt ein monumentaler Farbkörper in der Landschaft zwischen Rhein und Ruhr senkrecht empor.

Eigentlich sind Orangen eher rund, nicht flach. Gewöhnlich wachsen sie in südlichen Gefilden an Bäumen und sprießen nicht senkrecht aus einem Wiesenstück heraus. Das ungewöhnliche Wachstum hat auch nichts damit zu tun, dass hier genügend Wasser vorhanden ist. Vielmehr markiert die Skulptur Rheinorange den Zusammenfluss von Ruhr und Rhein.

Exakt bei Rheinkilometer 780 endet der Weg der Ruhr, die nordwestlich von Winterberg im sauerländischen Teil des Rothaargebirges entspringt. Auf einer Länge von 124 Kilometern durchzieht der an sechs Orten aufgestaute Fluss das Ruhrgebiet, dem er seinen Namen verlieh. Dabei passiert er die Revierstädte Schwerte, Dortmund, Herdecke, Wetter, Witten, Hagen, Bochum, Hattingen, Essen, Mülheim an der Ruhr und Oberhausen, ehe er in Duisburg in den Vater Rhein mündet.

Die weithin sichtbare Skulptur Rheinorange auf einer Landzunge symbolisiert nicht nur das Zusammentreffen der beiden Flüsse und damit den Übergang vom Ruhrgebiet zum Rheinland, sondern auch jenen Ort, an dem sich die Lebensadern einer Kulturlandschaft begegnen. Die knallige Farbe des vom Kölner Lutz Fritsch im Jahr 1992 geschaffenen Kunstwerks bildet einen poppigen Kontrast zum bisweilen tristen Graubraun der umliegenden Industrie- und Hafenanlagen.

Der gewählte Farbton trägt im RAL-Farbsystem die Nummer 2004 und heißt »Reinorange«, was förmlich zu einem Wortspiel mit Deutschlands mächtigstem Strom einlädt. Die rund 200 000 Euro teure Skulptur, deren Breitseite der Ruhr und dem Stadtteil Ruhrort zugewandt ist, ist 25 Meter hoch, sieben Meter breit, einen Meter tief und wiegt 83 Tonnen.

Rheinorange · Am Bört · 47059 Duisburg-Neuenkamp

34 Mekka für künftige Jasager

Lange galt das türkisch geprägte Marxloh als eines der Armenhäuser von Duisburg. Heute ist das multikulturelle Viertel erste Anlaufstelle für Heiratswillige aus dem In- und Ausland. Im Einzugsgebiet der Weseler Straße finden sich mehr als 40 Brautmodengeschäfte.

Marxloh gilt nicht gerade als Vorzeigeviertel. Viele Häuser könnten einen Anstrich vertragen. Rund 18 000 Leute sind hier im Duisburger Norden beheimatet. Fast die Hälfte von ihnen ist türkischer Abstammung. Kein Wunder, dass Marxloh gerne als »Little Istanbul« bezeichnet wird. Ein multikultureller Stadtteil, in dem mit der DITIB-Merkez-Moschee eines der größten islamischen Gotteshäuser in Deutschland steht. Vor allem samstags erhöht sich der Ausländeranteil hier zusätzlich, kommen doch immer mehr Heiratswillige auch aus Belgien, den Niederlanden und Frankreich hierher, um sich einzukleiden.

Die Braut, die sich nicht traut, wird hier ebenso fündig, wie die holde Schönheit, die am vermeintlich schönsten Tag ihres Lebens nichts dem Zufall überlassen möchte. Die Weseler Straße im Duisburger Stadtteil Marxloh ist ein Mekka für künftige Jasager. Nirgendwo sonst in Europa findet sich eine derart hohe Dichte an Brautmodeläden auf engstem Raum. An der Weseler Straße und den angrenzenden Nebenstraße buhlen mehr als 40 Geschäfte mit einer schier unvorstellbaren Menge an Hochzeitskleidern und -anzügen um die größer werdende Heerschar Heiratswillige aus dem In- und Ausland. Erhältlich ist Brautmode in allen erdenklichen Farben, Schnitten und Mustern. Mit und ohne Schleier, mal in kräftigem rot, in zartem pink, grün oder blau, mal mit Steinchen und Schmuck verziert. Sogar Modelle mit einem Meerjungfrauenschwanz hängen in der Auslage. Komplettiert wird das Angebot von Läden, die alles Wichtige von Schmuck über die Aussteuer bis hin zur Einladungskarte vorhalten. Auch Schneider, Fotografen, Friseure und Reisebüros sind hier zu finden und verleihen der Weseler Straße ein gewisses Romantik-Flair.

Brautmodenmeile · Weseler Straße · 47169 Duisburg

WSA MINDEN-WESER
L: 23,30 B: 6,00

Museum
der Deutschen
Binnenschiffahrt
Museumsschiffe
Museum
der Deutschen
Binnenschiffahrt

Volldampf zurück

35

Behäbig schaukelt die »Oscar Huber« auf den Wellen, die der Wind auf den Vinckekanal unterhalb der Schifferbörse kräuselt. Der letzte erhaltene Raddampfer auf dem Rhein gehört zum Museum der Deutschen Binnenschifffahrt. Unter Deck kann man eine Zeitreise in die Geschichte der Schifffahrt unternehmen.

Erbaut wurde der schmucke Seitenrad-Schleppdampfer zwischen 1921 und 1922 in Duisburg in der Werft Ewald Berninghaus. In ihrer mehr als 90-jährigen Geschichte hat die »Oscar Huber« viel erlebt. Bevor sie ab 1955 mit Öl befeuert wurde, war Kohle der Energielieferant, und eine Besatzung von 15 Personen schuftete an Bord, um dem Schiff seine Schleppkraft zu verleihen. Neben Kapitän und Steuermann befanden sich zwei Maschinisten, drei Matrosen und bis zu sechs Heizer an Bord. Für die sechstägige Reise von Duisburg-Ruhrort nach Rotterdam und zurück hatten diese einiges zu schippen: 70 Tonnen Kohle wurden jedes Mal verheizt. Die so erzeugte Energie trieb über eine 30 Zentimeter starke Welle die 5,20 Meter breiten Schaufelräder an, die über jeweils sieben Schaufeln verfügten. Der über neun Meter hohe Schornstein konnte bei Bedarf heruntergeklappt werden – ebenfalls eine Knochenarbeit für die Matrosen.

Der dramatischste Teil der Geschichte dieses 75 Meter langen Schiffes war wohl ein Ereignis im März des Jahres 1945. Hier erteilte die deutsche Wehrmacht der Besatzung den Befehl, den Dampfer auf dem Rhein bei Oberwesel auf Grund zu setzen. Ein Jahr später wurde er bereits wieder geborgen und instand gesetzt.

Von hier ist man nach ein paar Minuten Fußmarsch im Museum der Deutschen Binnenschifffahrt, das sehr elegant in einem restaurierten Jugendstil-Hallenbad untergebracht ist. In der großen Herrenschwimmhalle steht mit dem Lastensegler aus dem Jahr 1913 namens »Goede Verwachting« ein echter Hingucker. Auch der begehbare Nachbau eines Binnenschiffes erfreut sich großer Beliebtheit.

Museum der Deutschen Binnenschifffahrt · Apostelstraße 84 · 47119 Duisburg
Tel. 0203-808890 · www.binnenschiffahrtsmuseum.com

36 Essens grüne Lunge

Pflanzenvielfalt hat in Essen einen Namen: Seit mehr als acht Jahrzehnten gilt der Grugapark als eine innerstädtische Oase für Hobbybotaniker, Erholungssuchende und Naturbegeisterte, aber auch für Architekturfans, Kunst- und Musikliebhaber sowie – dank mehrerer Restaurants – sogar für Feinschmecker

Mitten auf dem Weg dösen zwei Pelikane. Die mächtigen Wasservögel lassen sich weder von Besuchern noch von angeleinten Hunden aus der Ruhe bringen. Im Gegenteil, sie lassen sich täglich hundertfach fotografieren, ertragen den Rummel mit Gelassenheit, wohl wissend, dass sie die gefiederten Stars des Essener Grugaparks sind.

Der Stadtpark wurde 1929 als »Große Ruhrländische Gartenbau-Ausstellung« (GRUGA) eröffnet. Auf 70 Hektar beheimatet die grüne Oase heute neben einem Rosen- und Bauerngarten die größte Nadelgehölzsammlung Europas sowie verschiedene Themengärten mit seltenen und exotischen Pflanzen. Zu den Raritäten gehören das chinesische Rotholz, die Taiwanie und der chinesische Taschentuchbaum. Sogar amerikanische Küsten-Sequoien, Mandelbäume, immergrüne Eichen sowie Blauglockenbäume gedeihen hier. Freunde prächtiger Blüten kommen im Rhododendren-Tal sowie im Staudengarten auf ihre Kosten. Und unter den gläsernen Kuppeln der Gewächshäuser wachsen Pflanzen des tropischen Regenwaldes, des Bergnebelwaldes und der Wüstengebiete.

Zu den architektonischen Besonderheiten gehört das Ronald McDonald Haus. Das nach Plänen von Friedensreich Hundertwasser errichtete Gebäude fungiert als Zuhause auf Zeit für Familien schwerkranker Kinder, die im nahe gelegenen Universitätsklinikum Essen behandelt werden. Einen besonderen Blickfang bildet zudem eine Sammlung mit Skulpturen von Künstlern wie Henry Moore, Auguste Rodin oder Alfred Hrdlicka. Damit avanciert die Grünanlage zur wohl größten Freiluftgalerie im gesamten Ruhrgebiet.

Grugapark Essen · Virchowstraße 167a (Haupteingang an der Norbertstraße 2) · 45147 Essen
Tel. 0201-8883106 · www.grugapark.de

INDUSTRIEDENKMAL
Zeche Bonifacius
INFORMATIONEN · BESICHTIGUNGEN · VERMIETUNG
Web: www.zeche-bonifacius.de · Tel: 0201-8554181
ZECHE-BONIFACIUS

Appel-Rahm-Flöz mit Kohlenstaub

37

Der Lage ist es zu verdanken, dass die »Alte Lohnhalle« immer noch ein Geheimtipp ist. Dieses Juwel liegt versteckt im Essener Stadtteil Kray, der nicht gerade den besten Ruf genießt. Wer sich aber auf den Weg zu dem reich verzierten Gebäude aus dem Jahr 1899 auf dem Gelände der alten Zeche Bonifacius macht, der wird reich belohnt.

Nun gut, denkmalgeschützte Zechen gibt es im Ruhrgebiet einige, und Hotels sowieso. Das Besondere an der »Alten Lohnhalle« ist, dass sich hier beides mit Geschmack, Humor, Geschichtsbewusstsein und Gastlichkeit verbindet. Die fantasievoll dekorierte Architektur ist vom späten Mittelalter inspiriert: Ziegelsteinrahmungen hier, Zinnen und Konsoltürmchen dort. 17 Zimmer bietet die »Alte Lohnhalle« – darunter das Steiger-Studio und das Zechenstudio.

Aushängeschild ist das Restaurant »Über Tage«. Hier wird nicht nur der Gaumen gekitzelt, sondern auch ganz im Sinne der Bergbautradition serviert: Hinter »Appel-Rahm-Flöz mit Kohlenstaub« etwa verbirgt sich ein Apfeldessert mit Sahne-Frischkäse und Knusperwalnüssen. Bei der Vorspeise, der »Vorflut«, kommt u.a. ein »Gratinierter Käse von der Bergmannskuh« auf den Tisch – Ziegenkäse auf Rapunzel- oder Raukesalat. Die Preise sind so human, dass das »Zeche-Zahlen« am Ende des Mahls ganz entspannt aussieht.

Man gibt sich modern wie traditionsbewusst. Schließlich hat dieser Flecken Erde schon manches erlebt: Hart verdientes Geld, das in Lohntüten ausgehändigt wurde. Krisen, Unglücke und – im doppelten Sinne des Wortes – Förderer. Ohne einen dieser Förderer hätte dieses Ensemble im Jahre 2004 wohl nicht als Hotel-Restaurant eröffnet werden können. Werner Ebert hat ab 1991 das Gros der Anlage nach und nach erworben. Als er kurz darauf verstarb, trug eine Erbengemeinschaft dafür Sorge, dass Eberts Wunsch nach dem Erhalt der Zeche Bonifacius bis heute mit Leben gefüllt wurde.

Alte Lohnhalle · Rotthauser Straße 40 · 45309 Essen
Tel. 0201-384570 · www.alte-lohnhalle.de

38 Kicken auf dem Eis

Ob in Bundesligastadien, beim Bolzen auf der Straße oder beim Kick auf dem Hinterhof – Fußball ist ein unverzichtbarer Teil des Lebensgefühls im Ruhrgebiet. In Essen begeben sich sogar alljährlich Hobbykicker freiwillig aufs Glatteis, um den Weltmeister im Polarsoccer zu ermitteln.

Fußball ist im Revier Kult. Ob auf Schalke, in Dortmund, Bochum oder Duisburg – überall zieht das Runde, das ins Eckige muss, Zigtausende in seinen Bann. Auch in Essen genießt Fußball Kultstatus. Zwar ist Rot-Weiß, immerhin 1953 Deutscher Pokalsieger und 1955 Deutscher Meister, lediglich noch in der vierthöchsten Spielklasse am Ball, dennoch pilgern bis zu 10 000 Zuschauer zu den Heimspielen. Eine ähnliche Magnetwirkung übt Polarsoccer aus. Die winterliche Fußballvariante auf dem Eis ist längst fester Bestandteil des Veranstaltungskalenders in Essen. Tausende von Zuschauern verfolgen alljährlich den rutschenden Kick, der sogar Weltmeisterstatus genießt.

Damen-, Herren- und Mixed-Teams in Eishockey-Montur begeben sich im Kampf um die WM-Krone aufs Glatteis. Es ist eine Spaßveranstaltung, bei der viele die notwendige Standfestigkeit vermissen lassen und sich manchen Ausrutscher leisten. Statt mit eleganten Übersteigern oder Kabinettstückchen werden die Zuschauer mit kuriosen Pirouetten unterhalten. Lacher, blaue Flecken und schmerzhafte Begegnungen mit der Bande sind vorprogrammiert. Bei der Premiere 2002 waren nur 16 Mannschaften am Ball, inzwischen kämpfen 54 Teams um den WM-Titel. Jährlich bewerben sich sogar mehr als viermal so viele Teams um einen Startplatz.

Für die einstige Fußball-Hochburg ist dies die Chance, endlich mal wieder einen Weltmeister zu stellen. Der Letzte in dieser Riege war Helmut Rahn, der Deutschland mit seinem Siegestreffer gegen Ungarn 1954 zum WM-Titel schoss und dem die Essener an der Hafenstraße ein Denkmal setzten. Ob es auch für erfolgreiche Polarsoccer-Spieler zu solchen Ehren reicht, darf bezweifelt werden.

Polarsoccer-Weltmeisterschaft · Kennedyplatz · 45127 Essen
www.polar-soccer.de

Gut.
PUREUM
Allbau
Frisör

Gut.
www.allbau
PUREUM
Allbau
102.2 radio essen
Frisör
KOPMANN

39

Noch ganz bei Sinnen?

Ob man tatsächlich (noch) alle Sinne beisammen hat, lässt sich im Erfahrungsfeld der Sinne in Essen-Katernberg hervorragend austesten. Dort kann man lauschen, tasten, fühlen, wiegen, strudeln, tapsen, schnuppern, schwingen, summen, schalten, knipsen, drehen, kurbeln, staunen und auch lärmen.

Dass mitmachen und ausprobieren hier ausdrücklich gewünscht ist, wird schon im Eingangsbereich deutlich. Hier brummt ein Herr in einen Summstein, dort quietschen Kinder auf dem Barfußpfad, und von weit her ist das Surren einer Klangschale zu erahnen. Umso erstaunlicher, dass ein Stück weiter ein junger Mann so völlig entspannt ist. Das kann nur an der »erdenden« Wirkung des riesigen Felsbrockens liegen, auf dem er rittlings sitzt und der über den Boden schwebt. Der Koloss ist wie eine Tellerschaukel an der Decke befestigt. Wer auf ihm Platz nimmt, fühlt sich leicht und im wahrsten Sinne des Wortes beschwingt.

In der zweiten Etage erfährt der Besucher, wie sein Auge sieht – und wie leicht es sich täuschen lässt. Darüber hinaus gibt es etwas auf die Nase oder besser gesagt vor die Nase. Am Riechbaum lassen sich angenehme, ungewöhnliche und unerträgliche Gerüche erschnüffeln. An einer Reihe mit Tontöpfen ist der Tastsinn gefordert. Während die meisten zunächst forsch in die Tiefen des ersten Keramikgefäßes greifen, werden sie beim nächsten etwas zögerlicher. Auf 1500 Quadratmetern Fläche warten über 80 Stationen darauf, erforscht zu werden. Neben der sinnlichen Wahrnehmung geht es hier aber auch darum, die Gesetze der Natur besser zu begreifen.

Geistiger Vater des Erfahrungsfelds war Hugo Kükelhaus. Der Pädagoge entwickelte »Das Erfahrungsfeld zur Entfaltung der Sinne« und zeigte es erstmals 1967 auf der Expo in Montreal. Bis in die 1990er-Jahre tingelte die Ausstellung durch die Welt, um schließlich im früheren Fördermaschinenhaus der Zeche Zollverein Schacht 3/7/10 ihr Zuhause zu finden.

Phänomania Erfahrungsfeld · Am Handwerkerpark 8–10 · 45309 Essen
Tel. 0201-301030 · www.erfahrungsfeld.de

40

Rieseneier, Steaks & Staubwedel

Wenn im April die Winterpause endet, beginnt auf der Straußenfarm die Saison für frische Straußeneier. Bis Ende Juli kann man die beeindruckend großen Eier frisch auf dem Rutherhof erwerben. Ein ganz besonderes Erlebnis ist es aber auch, wenn ab Mitte Mai wöchentlich Straußenküken schlüpfen, nicht nur für Kinder ein immer wieder faszinierendes Schauspiel.

Begründer der Straußenpopulation auf dem Rutherhof sind Fatima und Ben. Sie fühlen sich in den großen Zuchtgehegen so wohl, dass es keinen Mangel an Nachwuchs gibt. Zum Glück! Denn kaum ein anderes Nutztier versorgt den Menschen mit so vielen Produkten wie der Strauß. Dabei erweisen sich die langbeinigen Vögel als äußerst anpassungsfähige und genügsame Zeitgenossen.

Im Rahmen einer Führung erfährt man einiges über die Vorzüge des Straußenfleisches: Cholesterinarm ist es, äußerst schmackhaft und dabei auch noch mager. Daneben erfreuen sich das Leder und sogar die leeren Eierschalen großer Beliebtheit. Und dass die Federn als Staubwedel eingesetzt werden, hat einen ganz besonderen Grund: Nicht nur, dass ein solcher Wedel äußerst dekorativ ist – die Federn verfügen über eine statische Anziehungskraft, und das Haus reinigt sich so praktisch wie von selbst!

Unbestrittener Bestseller sind aber die Eier. Bei einem Gewicht von 1,5 Kilogramm können gut und gerne sieben erwachsene Personen von einem einzigen Ei satt werden. Der Farmladen des Rutherhofs führt außerdem weitere Straußen-Produkte und -Leckereien.

Packt einen beim Anblick des stolzen Ganges der Straußenhähne die Lust auf Bewegung an der frischen Luft, kann man gleich nebenan den Golfschläger schwingen. Auf dem Swin-Golf-Platz brauchen Anfänger übrigens nicht den Kopf in den Sand zu stecken, wenn es nicht gleich klappt. Auf dem naturbelassenen 18-Loch-Platz stehen der Spaß und das Gruppenerlebnis im Mittelpunkt.

Straußenfarm Rutherhof · Rutherweg 39 · 45133 Essen
Tel. 0201-492468 · www.die-straussenfarm.de
Swin-Golf · www.swin-golf-essen.de

Kuppenveranda mit Aussicht

41

Karg, minimalistisch und rau gibt sich die Schurenbachhalde, eine Erhöhung im Essener Norden. Nur eine rostige Bramme ragt hier aus dem Boden heraus. Und doch hat das an eine flache Mondlandschaft erinnernde Areal fast schon magnetische Anziehungskraft.

»Himmelstreppe« – der Name klingt ein bisschen nach dem Turmbau zu Babel. Die Stiege besteht aus gerade einmal 267 Stufen. Wer an ihrem Fuße steht, hat den Eindruck, als ob sich die Stufen tatsächlich nach oben verjüngen und irgendwo in der Unendlichkeit des Himmels münden. Tatsächlich führen die Treppen hinauf auf ein baum- und strauchloses Plateau. Das Terrain ist grau und rau – und doch versprüht es dieses gewisse Etwas. Eine leicht gewölbte, ellipsoide Oberfläche bestimmt das Bild. Einziger Fixpunkt in der Weite dieser fast flachen Bergkuppe ist eine mächtige Walzstahlplatte, die sich senkrecht aus der Mitte der Schurenbachhalde erhebt. Die minimalistische Plastik wurde vom Amerikaner Richard Serra entworfen und trägt den Namen »Bramme für das Ruhrgebiet«.

Aufgrund seiner exponierten Lage hat das 14,50 Meter hohe Stahlmonstrum magnetische Anziehungskraft und scheint mit jedem Schritt, den man dem Kunstwerk näherkommt, ein wenig zu wachsen. 67 Tonnen schwer ist die exakt in Ost-West-Richtung ausgerichtete Landmarke, dabei 4,20 Meter breit und mit 13,5 Zentimeter kaum dicker als die gesammelten Werke von Heinrich von Kleist.

Die Schurenbachhalde ist eine gigantische Hinterlassenschaft der Bergbauära – 43 Hektar groß. Ein 50 Meter hoher Berg aus 25 Millionen Tonnen Abraum der umliegenden Zechen. Ende der 1990er-Jahre wurde sie nach dem Ende der Kohleförderung sorgfältig verdichtet und begrünt. Heute ist die Schurenbachhalde so etwas wie der größte Aussichtsbalkon am Rhein-Herne-Kanal. Eine »Kuppenveranda« mit bester Aussicht, deren Flanken begrünt und mit Wanderwegen durchzogen sind.

Schurenbachhalde · Emscherstraße · 45329 Essen-Altenessen

42 Ausgezeichnete Sache(n)

Auf dem Gelände des Weltkulturerbes Zeche Zollverein hat das Design Zentrum Nordrhein-Westfalen e.V. im red dot design museum die weltweit größte Ausstellung zeitgenössischen Designs zusammengetragen, die in dem von Lord Norman Foster umgebauten Kesselhaus die perfekte Kulisse gefunden hat.

Eines haben die mehr als 1500 Exponate gemeinsam: Sie alle wurden für ihr exzellentes Design mit dem Gütesiegel »red dot« ausgezeichnet. Zudem ist der Lehrsatz des amerikanischen Bildhauers Horatio Greenough »Form follows function« (Die Form folgt der Funktion) auf alle Ausstellungsstücke anwendbar. Sie stammen aus aller Herren Länder, mehr als 40 Nationen haben zu dieser Sammlung von ausgezeichneten Designobjekten beigetragen.

So viele gut durchdachte Dinge brauchen Platz, und so ist die Ausstellungsfläche von 4000 Quadratmetern gut gefüllt, ohne übervoll zu wirken. Viele Exponate erkennt der Besucher wieder, denn es handelt sich oft um Gebrauchsgegenstände, die Einzug in unseren Alltag gefunden haben. Die Bandbreite erstreckt sich vom roten Rennwagen über Tritthocker bis hin zu gut in der Hand liegenden Whiskygläsern und der Lampe »Skywalker Junior« in Form eines Männchens mit überdimensionierter Kugel als Kopf.

Welche Objekte gezeigt werden, entscheiden jedes Jahr Designexperten aus aller Welt. Aus ihnen setzt sich die Jury des red dot design award zusammen. Sie testen die Produkte, bewerten darüber hinaus aber auch, inwieweit diese innovativ und anwenderfreundlich sind.

Den besonderen Charme des Museums macht das Spannungsverhältnis zwischen den modernen Designobjekte und den alten Mauern des Kesselhauses aus. Nicht zu Unrecht wird dieses oft als »Kathedrale der Industriekultur« bezeichnet. Es wurde ab 1929 nach den Plänen der Architekten Martin Kremmer und Fritz Schupp erbaut und diente der Zeche lange Zeit als Energiezentrale.

red dot design museum · Gelsenkirchener Straße 181 · 45309 Essen
Tel. 0201-301040 · www.red-dot.de/museum-essen

reddot design museum

43

Eislaufen, wo einst die Kohle glühte

Immer im Winter werden Teile der Zeche Zollverein in Essen zur wohl ungewöhnlichsten Eislaufbahn Deutschlands verwandelt. Auf dem Druckmaschinengleis der stillgelegten Kokerei können Kufenkünstler dann zwischen imposanten Koksöfen, rostroten Rohren und turmhohen Kaminen ihre Runden drehen.

Die Zeche Zollverein in Essen galt dereinst als »schönste Zeche der Welt« und ist heute als UNESCO-Weltkulturerbe das bekannteste Wahrzeichen des Ruhrgebiets sowie ein bedeutendes Zentrum der Kreativwirtschaft. Auf dem weitläufigen Areal befinden sich unter anderem das Ruhr Museum, das red dot design Museum, das von Lord Norman Foster gestaltete Restaurant Casino Zollverein, Pact Zollverein als Zentrum für Tanz und Performance sowie der Palace of Projects des Künstlerpaars Ilya und Emilia Kabakov, eine begehbare Sammlung mit 65 Kunstwerken.

Von einer ganz anderen Seite präsentiert sich das ehemalige Steinkohlebergwerk immer im Winter für wenige Wochen. Dort, wo einst bei mehr als 1000 Grad Celsius Kohle zu Koks verarbeitet wurde, öffnet von Anfang Dezember bis Anfang Januar vor der Kulisse imposanter Koksöfen Deutschlands ungewöhnlichste Eislaufbahn. Dazu wandelt sich das einstige Druckmaschinengleis der Kokerei in ein 1800 Quadratmeter großes Wintersportparadies.

In der nur kurzen Saison schnallen im Schnitt mehr als 15 000 Schlittschuhläufer die Kufen unter, um auf der 150 Meter langen Bahn übers Eis zu flitzen oder mehr oder weniger geschickt Pirouetten zu drehen. Nach Einbruch der Dunkelheit, wenn die Lichtinstallation von Jonathan Speirs und Mark Major die Kokerei Zollverein in buntes Licht taucht, erleben die Schlittschuhläufer eine Winterromantik der ganz besonderen Art. Für zusätzliches Wintersportvergnügen sorgen daneben das regelmäßig angebotene Eisstockschießen sowie eine Eisdisco mit einem Live-DJ im Schein von Discokugel und Moving Lights.

Zeche Zollverein, Eisbahn, Areal C (Kokerei Zollverein), Druckmaschinengleis,
Arendahls Wiese · 45141 Essen
Tel. 0201-86879854 · www.zollverein.de/eisbahn

44 Ein Stück Lebensgefühl im Kohlenpott

Der Fußball schreibt viel Geschichte und viele Geschichten, insbesondere auch im Ruhrgebiet, Heimat der Traditionsvereine Schalke 04, Borussia Dortmund, VfL Bochum, MSV Duisburg, Rot-Weiß Essen und Rot-Weiß Oberhausen. Sie alle sind über die Deutsche Fußball Route NRW miteinander verbunden.

Die 170 Stationen der Fußball Route erzählen von Helden und Trainerlegenden, von Traditionsclubs und Kultstätten, von Skandalen, Siegen und Niederlagen. Dabei stehen Fußballtempel wie die Arena Auf Schalke ebenso im Fokus wie Orte, die mit den Großen des Fußballs verknüpft sind, etwa die Essener Friesenstube, die Stammkneipe von Helmut Rahn. In Gedenken an den »Helden von Bern« wurde an der Hafenstraße eine Statue des Weltmeisters von 1954 aufgestellt. Vor der Philharmonie erinnert eine Tafel an die Heimkehr von Rot-Weiß Essen als Deutscher Meister 1955. Und im Restaurant Hügoloss steht seit 2004 eine Büste von Otto Rehhagel – der Trainer hatte Griechenland zum EM-Titel geführt.

In Dortmund ist der Besuch des Borsigplatzes ein Muss. An der Stelle der heutigen Imbissstube Pommes Rot-Weiß stand die Wiege des BVB, und in der Westfalenhalle wurde 1962 die Einführung der Bundesliga beschlossen. In Gelsenkirchen dreht sich alles um den Mythos Schalke. Zu den Pilgerstätten der Knappen gehört der Ostfriedhof, auf dem Dribbelkönig »Stan« Libuda seine letzte Ruhestätte fand. Tierisch geht es in Duisburg zu, wo die Spieler des MSV aufgrund ihrer geringelten Jerseys als »Zebras« tituliert werden. Und im Duisburger Zoo ist die Stelle zu sehen, an der sich Nationalspieler Ronald Worm einst ein Wettschwimmen mit Delfinen lieferte. Im Tierpark und Fossilium Bochum versuchten sich 1968 Spieler des VfL vor dem Pokalfinale gegen Köln als Geißbock-Bändiger. Vergebens – die Niederlage konnte nicht verhindert werden. Dafür schrieben sie mit dieser Einlage Fußballgeschichte, wie sie entlang der Themenroute hundertfach zu finden ist.

Deutsche Fußball Route NRW e.V. Bonhoefferstraße 6 · 47138 Duisburg
Tel. 0203-4178640 · www.dfr-nrw.de

Deutsche Fußball Route NRW
Essen
4
Ihr Standort:
Grugahalle • Grugapark
Hallenfußball: Für die einen hat das nicht mehr viel mit dem urwüchsigen Ballsport
unter freiem Himmel zu tun. Andere begrüßen das als gelungene Alternative zur
fußballlosen Zeit der Bundesliga-Winterpause. Wie auch immer: Hier, in der
Essener Grugahalle, wurde jedenfalls am 9. Januar 1972, auf Initiative von Rot-
Weiss Essen, zum ersten Mal ein Hallenfußball-Spiel angepfiffen – als landesweit
eines der ersten seiner Art überhaupt.
Der flinke Kick auf engem Raum rief zunächst besonders die technisch versierten
Spieler auf jenes Parkett, auf dem die Turniere anfänglich noch ausgetragen wur-
den. Und zwei dieser Ballkünstler aus den Reihen der Rot-Weissen konnten sich in
der Grugahalle besonders gut in Szene setzen: Willi „Ente" Lippens und Dieter
Bast. Willi „Ente" Lippens, Linksaußen mit markantem Watschelgang und nieder-
ländischem Pass, war für seine Ballbeherrschung ebenso bekannt wie für seinen
schlagfertigen Humor. In 434 Spielen erzielte er 233 Tore für Rot-Weiss Essen:
Vereinsrekord! Zwischenzeitlich stand er auch in Diensten von Borussia Dortmund
und der niederländischen Nationalmannschaft.
Dieter Bast faszinierte die Fans als Libero, der 328-mal für
die Essener aufs Spielfeld ging. Später nutzten der VfL
Bochum und Bayer Leverkusen seine Spielmacher-
Qualitäten; 1984 trug er sogar die Kapitänsbinde der
deutschen Fußball-Olympiaauswahl.
DFR
Deutsche
Fußball
Route
NRW
www.dfr-nrw.de

Kleine Weltreise an einem Tag

45

Von Alaska bis Afrika sind es nur wenige Schritte, und gleich nebenan erstreckt sich Asien. Im Mittelpunkt stehen in diesen drei ganz unterschiedlichen Welten Begegnungen mit mehr als 800 Tieren. Die ZOOM Erlebniswelt in Gelsenkirchen ist fraglos einer der modernsten zoologischen Gärten Europas.

In Sichtweite der Arena Auf Schalke werden Tiere aus drei Kontinenten nicht in kleinen Käfigen oder vergitterten Gehegen gehalten, sondern in modellierten Anlagen, die sich an den natürlichen Lebensräumen von Löwe, Elch oder Orang-Utan orientieren und oft keine sichtbaren Grenzen haben.

Paviane tummeln sich auf einer Insel, Eisbären tauchen hinter riesigen Glasscheiben ab, und Seehunde ziehen über verglasten Tunneln ihre Bahnen. In einer Grassavanne leben Zebras, Antilopen, Springböcke, Marabus und Strauße einträchtig nebeneinander, während Kamtschatkabären auf der Suche nach Fischen durch einen künstlichen Fluss waten. Und in der Dschungelhalle können Besucher Flusspferde und Schimpansen aus nächster Nähe beobachten.

Allein 14 Hektar misst die Erlebniswelt Afrika mit ihren Gras-, Busch- und Feuchtsavannen. Die Entdeckungsreise führt hinein in die Vielfalt afrikanischer Fauna und Lebensweisen, auch der Nachbau eines afrikanischen Dorfes fehlt nicht. Spannend präsentiert sich auch die Erlebniswelt Alaska, in der Eisbären, Seelöwen, Braunbären sowie Wasserfälle und Trapperhütten darauf warten, entdeckt zu werden.

Die exotische Welt des asiatischen Erdteils fasziniert mit einem artenreichen Tier- und Pflanzenkosmos. Zwischen Orang-Utans und Hanuman-Languren, Kleinen Pandas und Trampeltieren beginnt eine Abenteuerreise in eine ferne Region. Auf einer Fläche von 7000 Quadratmetern erstreckt sich eine große Seenlandschaft mit begrünten Inseln und Reisterrassen entlang des Seeufers.

ZOOM Erlebniswelt · Bleckstraße 64 · 45889 Gelsenkirchen
Tel. 0209-95450 · www.zoom-erlebniswelt.de

46 60 Sehenswürdigkeiten auf 17 Kilometern

Die gelbe Straßenbahn verkehrt teilweise unterirdisch, teilweise oberirdisch, die Sitze sind in Lilablau, Rot, Gelb und Schwarz gehalten – auf den ersten Blick unterscheidet sich die Linie 107 nicht von anderen Linien der Essener Verkehrs AG. Doch an ihrer Strecke wartet »Kultur auf der ganzen Linie« darauf, entdeckt zu werden.

Auf ihrer 45-minütigen Fahrt zwischen dem mondänen Villenviertel im Essener Stadtteil Bredeney und dem Gelsenkirchener Hauptbahnhof passiert die Linie 107 über 60 kulturelle Attraktionen, die bis auf ein paar Ausnahmen nur wenige Gehminuten von den 34 Haltestellen entfernt liegen. Auf einer Strecke von 17 Kilometern liegen Vergangenheit und Zukunft, Industriebrachen, Baudenkmäler und 100 Jahre alte Wälder dicht beieinander. Der Bogen spannt sich von der Philharmonie und zwei Opernhäusern über sieben Theater, zehn Museen und einem der bedeutendsten Kirchenschätze Deutschlands bis hin zur Alten Synagoge und zum Weltkulturerbe Zeche Zollverein.

Auch weniger bekannte Sehenswürdigkeiten wie etwa das Soul of Africa, Europas einziges Museum für Voodoo und Heilung, sind an der Strecke zu finden. Gleichwohl richtet sich das Hauptaugenmerk auf Einrichtungen wie das international renommierte Museum Folkwang mit seiner Kunstsammlung des 19. und 20. Jahrhunderts, das Ruhrmuseum oder die Lichtburg, den größten deutschen Filmpalast.

Zu den wichtigsten Anlaufpunkten zählt auch der Essener Dom mit der berühmten Goldenen Madonna nebst der angrenzenden Domschatzkammer mit dem Schwert und der Kinderkrone von Otto III.

Nicht fehlen darf der Stammsitz der Krupp-Dynastie, die Villa Hügel. Das »größte Einfamilienhaus Deutschlands« mit seinen 269 Zimmern liegt inmitten des prächtigen Hügelparks am Baldeneysee. Die Gründerzeitvilla zeigt neben Wandteppichen und Gemälden ein Deckenfresko von Giovanni Battista Tiepolo und informiert über das Leben der Familie Krupp.

www.kulturlinie107.de

Lichtburg

107 Essen Hbf
1532
EVAG

Über die Anden des Ruhrgebiets

47

Nein, schön sind sie nicht. Aber Charakter haben sie und weiche Schnauzen, diese eigenwilligen Tiere, die ihre Besitzerin stolz »Prachtlamas« nennt. Eigenwillig ist auch die Art, wie diese ihre Brötchen verdient: mit After-Work-Wanderungen, tiergestützten Therapien und Managerseminaren mit Lamas.

Hannibal kann einem dabei helfen, auf sein Bauchgefühl zu vertrauen, Dancer erfreut sich großer Beliebtheit wegen seines kuscheligen Fells – alle Mitglieder der Herde verfügen über besondere Fähigkeiten. Gemeinsam mit ihrer Besitzerin, der Bewegungstherapeutin Beate Pracht, helfen die bis zu zwei Meter großen Tiere Gestressten zu entspannen. Das Seminar »Das etwas andere Stressmanagement« etwa arbeitet mit Lamas als Trainingspartner.

Aber die kamelartigen Tiere können einem auch zeigen, was es heißt, die Führung zu übernehmen. In Leadership-Trainings geht es darum, Führungskräften beizubringen, wie sie möglichst nachhaltig führen, wie sie die Richtung vorgeben und Glaubwürdigkeit und Sicherheit ausstrahlen.

Bei einer meditativen Lamawanderung geht es über die »Anden des Ruhrgebiets«. Die Lamas werden durch ihr gemütliches Tempo zu tierischen Anti-Stress-Therapeuten. Dabei ist der sanfte und gutmütige Charakter der Lamas besonders hilfreich. Sie sind darüber hinaus neugierig und treten gern in den Kontakt mit Menschen.

So locken Hannibal und seine Brüder auch sportlich weniger Aktive hinaus in die Natur. Alles, was man benötigt, sind festes Schuhwerk und wetterfeste Kleidung. Ein einmaliges wie ungewöhnliches Tier- und Naturerlebnis ist somit garantiert. Die Lama-Wanderungen dauern zwischen zwei und vier Stunden, wobei sich Mensch und Tier in dieser Zeit auf Schritt und Tritt näherkommen. Zeit, um Vorurteile gegenüber den Tieren aus den Anden abzubauen: Gespuckt wird zwar zielgenau, aber nur untereinander und so gut wie nie auf Menschen.

Prachtlamas im Revierpark Nienhausen · Feldmarkstraße 209 · 45883 Gelsenkirchen
Tel. 02864-884681 · www.prachtlamas.de

48

Miniwelt mit maximalem Spaßfaktor

Nicht nur kleine Besucher staunen in den heiligen Hallen, in denen der Deutschlandexpress en miniature unterwegs ist. Auf rund 700 Quadratmetern sind fast 200 computergesteuerte Modelleisenbahnen auf Achse und transportierten rund 3000 Waggons von der Nordseeküste bis in die Alpen.

Über vier Kilometer Gleise schlängeln sich durch die liebevoll angelegten Modellwelten im Gelsenkirchener Nordsternpark. Hier funkeln die Lichter einer großen Kirmes, dort lädt ein Waldrestaurant zum Sonnenbad bei Bier und Brezeln ein. An der nächsten Ecke spannen sich gewagte Brückenkonstruktionen über spektakuläre Schluchten, direkt am Eingang bimmelt die Strandbahn an einem Leuchtturm vorbei.

Damit auch alles echt und belebt aussieht, wurden auf Bahnsteigen, Wiesen, Zechengeländen und Marktplätzen stolze 12 000 Miniaturfiguren positioniert. Und mehr als 1700 Kräne, Fahrzeuge und Schiffe sind so geschickt installiert, dass man bei der Betrachtung der Feuerwehreinsätze, Industrieanlagen und Landschaften am Rhein meint, lebendige Szenen zu beobachten.

Schaut man genau hin, wird man in dieser detailreich gestalteten Anlage immer wieder von interessanten Details überrascht. So fahren in den Schweizer Alpen die Züge der SSB links und nicht, wie die Züge in Deutschland, rechts.

Wer einen Blick hinter die Kulissen werfen möchte, um auch die sogenannten Schattenbahnhöfe zu besichtigen, hat stündlich die Möglichkeit, gegen eine kleine Gebühr dabei zu sein, wenn einer der Techniker eine Führung anbietet. Im Obergeschoss des Deutschlandexpress kommen kleine Eisenbahnfans, Anhänger von Jim Knopf, Lukas dem Lokomotivführer oder Fans von Thomas der Lokomotive auf ihre Kosten. Während aus den Lautsprechern Eisenbahngeschichten und -lieder klingen, dürfen die Kinder an einer riesigen Holzeisenbahnlinie herumbauen.

Der Deutschlandexpress · Am Bugapark 1c · 45899 Gelsenkirchen
Tel. 0209-5083660 · www.der-deutschlandexpress.de

RAG
RAG

L·G·B
DR

49

Kunst aus der Spraydose

Eine Halle ist sie nicht, obwohl der inzwischen international etablierte Name darauf schließen lässt. Die »Hall of Fame« am Rhein-Herne-Kanal ist eine 400 Meter lange ehemalige Hafenmauer, auf die Graffitikünstler ganz legal ihre Kunstwerke sprühen dürfen.

Eine besprühte Holztreppe führt hinunter an das Ufer des Rhein-Herne-Kanals, wo nicht selten reichlich Aerosol in der Luft liegt. Zwischen den Segmenten der ehemaligen Hafenmauern regiert auf einer Länge von 400 Metern die Spraydose. Der begrünte Uferabschnitt ist hier seit 2005 Tummelplatz von Jugendlichen, die an den Betonwänden ihre ganz besonderen Statements in Form von bunten Graffitis hinterlassen.

Vielerorts sind gesprühte Kunstwerke zu finden. Auf und in Bussen und Bahnen, an Häuserwänden und in Tunneln sowie Unterführungen. Dass diese Kunstform auch frei von Zerstörungswut und krimineller Energie ausgelebt werden kann, demonstriert die freigegebene Fläche am Rhein-Herne-Kanal. Junge Künstler können hier ihren ganz persönlichen Stil zum Ausdruck bringen, ihren eigenen Style entwickeln und ihre Kreativität ausleben. Dabei lassen sich die jungen Künstler an der Hafenmauer, die längst zur »Hall of Fame« hochstilisiert wurde, bei ihrem Schaffen bereitwillig über die Schulter schauen und so Nicht-Sprayer miterleben, wie ein einzigartiges Kunstwerk entsteht.

Allerdings ist die Kunst am Rhein-Herne-Kanal durchaus vergänglich. Was nicht nur an den Witterungsbedingungen liegt, die dafür sorgen, dass die Farbe hier und da abblättert. Auch die Tatsache, dass sich hier ein jeder im Sprayen probieren darf, führt dazu, dass fast bei jedem Besuch neue Motive zu bewundern sind. So ist die »Hall of Fame« sozusagen eine Freiluftgalerie mit permanenten Wechselausstellungen. Schade nur, dass sich einige Sprayer nicht mit den 400 Metern Fläche begnügen, sondern immer wieder auch einige der unter Denkmalschutz stehenden Gebäude des Nordsternparks farblich umgestalten.

Graffitiwand »Hall of Fame« · Nordsternpark Gelsenkirchen
Am Bugapark · 45899 Gelsenkirchen
www.norsternpark.info/de

50 Fünf-Sterne-Grün im Emscher-Schatten

Gelsenkirchen ist nicht Gizeh, und dennoch befindet sich hier eine Pyramide. Der künstlich aufgeschüttete Hügel ist nur eine der zahlreichen Attraktionen im Nordsternpark, einem Freizeitpark auf dem Areal der ehemaligen Zeche Nordstern.

Sie hat keine Räder, und gewandert ist sie auch nicht, und dennoch hat die Zeche Nordstern einen ungewöhnlichen geografischen Wandel erlebt: Als 1857 das Abteufen, also die Erschließung der Schächte, begann, war sie die nördlichste Förderanlage des Ruhrgebiets, und bei der Stilllegung 1993 war sie dann die südlichste. Wie an vielen Orten im Revier war die letzte Grubenfahrt zugleich der Start für den Neuanfang. Das Zechengelände wurde in einen modernen Gewerbe- und Wohnpark einerseits und in einen attraktiven Freizeit- und Landschaftspark andererseits umgewandelt. Der Ritterschlag für den Nordsternpark erfolgte 1997, als hier die Bundesgartenschau stattfand.

Seit zwei Jahrzehnten wird hier keine Kohle mehr gefördert, gleichwohl werden Teile des Areals systematisch untergraben – allerdings nicht von Bergleuten, sondern von Maulwürfen, für die sich die Rasenflächen bei der Futtersuche als eine Art Selbstbedienungsladen erweisen.

Wahrzeichen des Parks ist eine 110 Meter lange Doppelbogenbrücke. In ihrem Schatten erhebt sich am alten Hafen ein Amphitheater mit 6100 Plätzen und tollem Kulturprogramm. Während der nahe gelegene Kohlebunker stummer Zeuge der Zechengeschichte ist, kann bei Führungen im 63 Meter langen Bergbaustollen eine Menge über die Arbeit unter Tage und das schwarze Gold erfahren werden.

Steil nach oben geht es im Klettergarten mit seinen 16 Meter hohen Türmen und vor allem im Nordsternturm. Zu Füßen der 18 Meter hohen Herkulesfigur von Markus Lüpertz lässt sich hier aus knapp 80 Metern Höhe die Parkherrlichkeit zwischen Emscher und Rhein-Herne-Kanal in Augenschein nehmen.

Nordsternpark Gelsenkirchen · Am Bugapark · 45899 Gelsenkirchen
Tel. 0209-9501970 · www.norsternpark.info/de · www.amphitheater-gelsenkirchen.de

NORDSTERN

51 Viertelmeile in Windeseile

Windhunderennen, wie sie in Gelsenkirchen ausgetragen werden, kommen einer Hasenjagd über 480 Meter gleich. Die Hunde kriegen den künstlichen Meister Lampe zwar nie zu packen, haben dennoch offensichtlich großen Spaß bei der Hatz im weiten Oval des Emscherbruchs.

Kaum sind die Startboxen verschlossen, macht sich zwischen den zweibeinigen und vierbeinigen Rivalen gleichermaßen Hochspannung breit. Ein immer lauter werdendes Rattern versetzt die hoch aufgeschossenen, spindeldürren Hunde in zusätzliche Unruhe. Etwas Pelziges braust im hohen Tempo vorbei, und die Wartekäfige springen auf. Die Meute jagt im Stadion des Windhundrennvereins Westfalen-Ruhr dem elektrisch angetriebenen Hasen mit bis zu 60 Stundenkilometern hinterher. Ein, zwei Kurven und kaum mehr als 35 Sekunden später ist das Spektakel schon wieder vorbei.

Dabei bekommen die wieselflinken Jagdhunde den vermeintlichen Leckerbissen, der in einer sicheren Entfernung vor ihnen herumflitzt, nie aus nächster Nähe zu Gesicht – die Enttäuschung wäre sonst wohl vorprogrammiert. Daher lassen Helfer den falschen Hasen sofort nach dem Rennen verschwinden. Die Prozedur wiederholt sich auf dem Rennkurs in der Resser Mark mehrmals jährlich bei Wettkämpfen und zwischen März und November jeweils sonntags ab elf Uhr beim Training.

Die vom Windhundrennverein Westfalen-Ruhr seit 1977 betriebene Anlage gilt als eine der modernsten Windhundsportstätten des Kontinents. Für die Qualität des Geläufs und des 13 Hektar großen Areals spricht auch die Tatsache, dass der Verein bis dato bereits viermal Gastgeber der Europameisterschaften war. Neben den jährlich ausgetragenen Rennen um den »Großen Preis von Gelsenkirchen« finden hier regelmäßig internationale Ausstellungen statt. Daneben wird das sogenannte Coursing angeboten, bei dem eine Jagd im offenen Gelände simuliert wird – mit künstlichen Hasen, die an einer Umlenkrolle hängen und Haken schlagen.

Windhundstadion Emscherbruch · Wiedehopfstraße 197 · 45892 Gelsenkirchen-Resse
Tel. 0209-783947 · www.wrv-westfalen-ruhr.de

Knappen-Mythos auf 600 Quadratmetern

52

»Dem Ernst Kuzorra seine Frau ihr Stadion« ist ein Bonmot. Echte Worte des verstorbenen Helden und Motors der Schalkes Kreisels sind jedoch immer noch zu hören. Im Schalke-Museum in der Veltins-Arena werden nicht nur die Sternstunden, die der Verein mit dem Nationalspieler erleben durfte, lebendig.

Der Gelsenkirchener Fußballclub FC Schalke 04 ist mehr als nur ein Verein. Er ist Kult im Revier – ein Mythos, fast schon eine Religion für die Anhänger in Blau-Weiß. Wie passend ist es da, dass der Bundesligist in seinem Stadion sogar über eine Kapelle verfügt. Manch einer mag hier schon für die Knappen gebetet und eine Kerze für einen Sieg aufgestellt haben. Trotz päpstlichen Beistandes – Johannes Paul II. war zum Ehrenmitglied ernannt worden, nachdem er eine Messe im Parkstadion hielt – wartet der siebenmalige deutsche Meister seit 1958 auf den neuerlichen Gewinn der DM-Krone.

Doch auch sonst gibt es viel über den Verein zu erzählen, dessen Spielstätten von der legendären Glückauf-Kampfbahn über das Parkstadion bis hin zur heutigen Veltins-Arena stumme Zeugen von Triumphen, aber auch von Skandalen wie dem Zwangsabstieg aus der Bundesliga waren.

All dies arbeitet der FC Schalke im vereinseigenen Museum im Bauch seiner Heimspielstätte auf dem Berger Feld in Erle auf. Medaillen und Pokale, Trikots, Schuhe und Wimpel sind hier ebenso zu bestaunen wie eine Replik jener Meisterschale, nach der sich der Club seit fünfeinhalb Jahrzehnten sehnt.

Natürlich fehlt auch der Blick auf die emotionalsten Momente der Vereinsgeschichte nicht: von der Geburtsstunde des Schalker Kreisels über den UEFA-Cup-Gewinn bis hin zu Auftritten in der Champions League. Und im Hörraum des 600 Quadratmeter großen Museums erzählen Legenden wie Ernst Kuzorra und Olaf Thon Geschichten und Anekdoten aus der Vereinsgeschichte.

Schalke-Museum (Eingang West 1) · Veltins-Arena · Arenaring 1 · 45891 Gelsenkirchen
Tel. 0209-3892900 · www.veltins-arena.de

53

Lautlos durch die Stadt

Statt auf einer Busfahrt oder einem geführten Stadtrundgang lässt sich Gladbeck auch mit dem Segway erkunden. Die kurzweiligen Touren erfordern ein wenig fahrerisches Geschick, eröffnen aber ganz andere Perspektiven auf die Stadt im nördlichen Ruhrgebiet, gepaart mit einem Hauch von Freiheit und Abenteuer.

Die ungewöhnlichen Gefährte sehen aus wie ein Roller mit parallel stehenden, überdimensionalen Rädern, bei dem die Lenkstange mittig auf die kurze Trittfläche montiert ist. Nur werden die Segways nicht durch das Abstoßen mit dem Fuß, sondern elektrisch angetrieben. Über eine Bremse verfügen die Segways nicht. Die Geschwindigkeit lässt sich allein durch Vor- und Zurückbeugen kontrollieren.

Irgendwie scheint es unvorstellbar, mit dem Segway nicht bereits nach drei Sekunden umzufallen. Unweigerlich drängt sich das Bild vom Bären im Zirkus auf, der mit einem Brett auf einem Ball balancieren muss. Doch ein eingebauter Kreisel hält automatisch die Balance und verhindert so ein Umkippen. Das ist quasi eine Art elektronischer Gleichgewichtssinn. Ein leichtes Vorbeugen des Oberkörpers und schon gleitet der Segway fast völlig lautlos vorwärts zu den schönsten Seiten von Gladbeck.

Dabei verleiht das Zweirad, das auf den ersten Blick ein bisschen wie ein Fahrzeug aus einem Science-Fiction-Film anmutet, der Tour durch Gladbeck einen Hauch von Abenteuer. Fast lautlos gleiten die Segways vom Wasserschloss Wittringen am Stadtwald am Jovyplatz, einem der schönsten Gebäudeensemble der 75 000-Seelen-Gemeinde, sowie dem Rathaus vorbei bis in die Fußgängerzone. Von dort geht es dann über die Ringallee zum Stadtteil Brauck mit seinen fünf Bergbauhalden. Dank der Tatsache, dass die Fahrzeuge mit einem Lautsprecher ausgestattet sind, ist es den Teilnehmern möglich, während der Fahrt den Ausführungen des Tourguides zu lauschen. Angeboten werden die zweistündigen Touren von Mai bis September an jedem ersten Donnerstag im Monat sowie auf Anfrage.

Westheide Tours & Events · Feldhauser Straße 241 · 45966 Gladbeck
Tel. 02043-2950516 · www.westheide.com

54 Unterwegs im Stangenwald

Hier werden Europa- und Deutsche Meister gekürt und WM-Fahrkarten vergeben. Im Lenne-Wildwasserpark Hohenlimburg, wo Topathleten des olympischen Kanuslaloms trainieren und Rennen ausfahren, kann jeder zu einem Paddel-Abenteuer im Stangenwald aufbrechen.

Eher gemächlich fließt die Lenne unter dem Schlossberg im Hagener Stadtteil Hohenlimburg dahin. Nur in einem rund 300 Meter langen Teilabschnitt türmen sich die Wasserberge auf. Darüber sind Seile mit grün-weißen oder rot-weißen Stangen gespannt. Diese markieren die sogenannten Tore entlang der Kanuslalomstrecke des Lenne-Wildwasserparks. Die Regattabahn, einer von nur drei deutschen Austragungsorten für internationale Wettkämpfe, fungiert als Olympia- und Landesleistungsstützpunkt. Hier trainieren Spitzenfahrer aus dem In- und Ausland. Regelmäßig finden nationale und internationale Titelkämpfe statt – angefangen von Ranglistenrennen und Deutschen Meisterschaften bis hin zum Europacup, der Olympiaqualifikation und der EM.

Abseits des Trainings- und Rennbetriebs steht die Strecke Hobbykanuten offen. Dabei treffen die Freizeitpaddler durchaus auf amtierende Europa- und Weltmeister oder Olympiateilnehmer. Da direkt oberhalb der Wettkampfstrecke zusätzlich ein Flachwasserparcours angelegt wurde, ist hier ein gefahrloser Einstieg für Anfänger in den Kanusport möglich. Der Kanal an der Lenne besitzt einige kleinere Stufen. Im unteren Abschnitt sorgen Einbauten für einen wechselnden Strömungsverlauf und somit verschiedene sportliche Herausforderungen.

Betreut wird die Anlage vom KC Hohenlimburg, der auch die Ausrichtung der Regatten übernimmt. Der KCH bietet Interessierten die Möglichkeit, nach vorheriger Kontaktaufnahme unverbindlich in die Sportart hinein zu schnuppern. Boot, Paddel, Schwimmweste und Helm können gestellt werden.

Wildwasserpark Hohenlimburg · Freiheitsstraße 3 · 58119 Hagen
Informationen: Kanu-Club Hohenlimburg · Tel. 0170-3508833
www.kc-hohenlimburg.de/wildwasserpark

6
7
HUSSEL
VELTINS
VELTINS
213
LAT

55

Eine Hand zum Gruseln

Allein schon der wunderbare Ausblick von der einzigen mittelalterlichen Höhenburg Westfalens, die weitgehend im Originalzustand erhalten ist, ist die Reise nach Hagen wert. Und das fast 800 Jahre alte Schloss Hohenlimburg selbst ist schon von Weitem ein Blickfang.

Die schwarze Hand. Allein deren Erwähnung ließ ganzen Generationen einen Schauer über den Rücken laufen. Und doch ist sie das wohl gefragteste Ausstellungsobjekt im Schloss Hohenlimburg. Das gruselige Relikt aus längst vergangenen Tagen ist Gegenstand wilder Schauermärchen. Die populärste Legende über die Herkunft der Hand dreht sich um einen Knaben aus gutem Hause, der es wagte, seine Hand gegen die eigene Mutter zu erheben. Als Strafe soll ihm die Hand abgeschlagen worden sein. Danach

wurde sie einbalsamiert und als Warnung für alle Kinder ausgestellt. Vermutlich handelt es sich aber bei der Hand, die 1811 in den Trümmern des durch einen Blitzschlag zerstörten Bergfrieds gefunden wurde, um ein mittelalterliches Beweisstück in einem ungeklärten Mordfall – was auch wieder reichlich Raum für Spekulationen lässt.

Belegt ist hingegen die Geschichte der Höhenburg: Erbauen ließ sie um 1240 Graf Dietrich von Isenburg-Limburg. In der Folgezeit war die Burg ein ständiger Zankapfel und wurde mehrfach erobert. Im 18. Jahrhundert erfolgte der Ausbau zum Residenzschloss der Fürsten von Bentheim-Tecklenburg. Heute zeigt das Museum im neuen Palais Exponate zur fürstlichen Wohnkultur des 18. und 19. Jahrhunderts und zur Geschichte des Schlosses. Im Wirtschaftsgebäude ist das einzige Kaltwalzmuseum Deutschlands angesiedelt. Dieser für die Wirtschaft des märkischen Sauerlandes so wichtige Industriezweig wird hier mit eindrucksvollen Exponaten vorgestellt. Nicht minder faszinierend ist der Blick vom Wehrgang sowie von der barocken Gartenanlage ins Lennetal.

Schloss Hohenlimburg · Alter Schlossweg 30 · 58119 Hagen
Tel. 02334-2771 · www.schloss-hohenlimburg.de

56 Ein Tal voller Gestern

Mit der anschaulichen Darstellung von Handwerk und Technik ist es dem LWL-Freilichtmuseum Hagen seit der Eröffnung im Jahr 1973 gelungen, die Kennzeichen und Besonderheiten einer langen Entwicklung in einem weiten geografischen Raum aufzuzeigen – und die Begegnung mit der Vergangenheit mit Leben zu füllen.

Dicht bewaldet und grün ist das Tal – und lang. Lang sind auch die Wege vom Parkplatz an der Selbecker Straße durch die Museumslandschaft im malerischen Mäckinger Bachtal. Dieses Setting bildet den Rahmen für ein Museum, das einen faszinierenden wie lehrreichen Bogen von der Vergangenheit zur Gegenwart schlägt. Das LWL-Freilichtmuseum ist ein Ort für alle Sinne mit Erlebnischarakter.

Auf 42 Hektar dokumentiert das Museum in 60 historischen Gebäuden, Werkstätten und Fabrikbetrieben die Entwicklung der Region zwischen 1780 und dem Ende des 19. Jahrhunderts. Einen Schwerpunkt bildet dabei die Metallbe- und -verarbeitung.

Der Hagener Wilhelm Claas schlug bereits in den 1930er-Jahren das Mäckinger Bachtal als Standort für ein technisches Museum vor. In den 1960er-Jahren nahm das Ganze allmählich Gestalt an, ehe 1973 die Eröffnung des Museums erfolgte. In mehreren Bauabschnitten wurden historische Werkstätten an ihren ursprünglichen Standorten ab- und im Mäckinger Bachtal originalgetreu wieder aufgebaut.

In rund 20 Vorführbetrieben können Groß und Klein heute traditionelles Handwerk in all seinen Facetten nachvollziehen. Ob beim Bäcker oder Braumeister, ob in der Schmiede oder Seilerei, ob bei der Verarbeitung von Tabak oder Holz – überall lassen sich Mitarbeiter über die Schulter schauen, erklären technische Zusammenhänge und Funktionsabläufe. Einige der im Museum gefertigten Waren kann man käuflich erwerben. Nur eines schafft es meist nicht bis nach Hause: das Rosinenbrot aus der historischen Bäckerei. Das duftet einfach zu verführerisch.

LWL-Freilichtmuseum Hagen, Westfälisches Landesmuseum für Handwerk und Technik · Mäckingerbach · 58091 Hagen
Tel. 02331-78070 · www.freilichtmuseum-hagen.de

57

Ein Museum für das Kultgebäck

Wer immer schon wissen wollte, wie der Keks krümelt, ist in Brandts kleiner Zwiebackwelt richtig. Im historischen Haus Stennert in Hagen bietet Zwieback-Hersteller Brandt Knusperfans jeden Alters auf über 200 Quadratmetern die Gelegenheit, mehr über das berühmte Gebäck und dessen Herstellung zu erfahren.

Die ehemalige Poststation von 1750, die seit den 1930er-Jahren im Besitz der Familie Brandt ist, bildet einen würdigen Rahmen für einen Rundgang durch die Geschichte und den Werdegang des Zwiebacks. In Wort, Bild und mit interaktiven Elementen werden die historischen Fakten und die einzelnen Herstellungsstufen von der Teigbereitung über die Gärung bis zum Röstofen erklärt.

Darüber hinaus begeben sich die Besucher auf eine Zeitreise durch die 100-jährige Geschichte der Firma Brandt und treffen dabei unter Umständen alte Bekannte wieder. Denn hier lächelt nicht nur das aktuelle und wohl berühmteste Brandt-Kind den Zwiebackliebhabern zu. Auch die drei älteren »Geschwister«, die von 1929 bis 1983 für die Marke warben, sind würdig vertreten.

Im sogenannten Gründerzimmer gewährt Brandt einen Einblick in den Büroalltag des Firmengründers Carl Brandt. Zudem werden Dosen und Verpackungen aus mehreren Jahrzehnten, interessante Produktionsdetails wie zum Beispiel Einbackformen und natürlich alle Werbespots der Markengeschichte exponiert. Darüber hinaus bietet die Ausstellung einen Blick über den Tellerrand der Zwiebackproduktion in die übrigen Geschäftsfelder der Brandt-Gruppe. Neben Zwieback stellt sie auch Schokolade, Knäckebrot und Snackartikel her.

Zum Verweilen lädt das gemütliche Bistro ein. Hier können die vielfältigen Eindrücke und Informationen bei einer Tasse Kaffee und leckeren Snacks verarbeitet werden. Der Rundgang endet schließlich im Zwiebackshop, der die gesamte Produktpalette sowie alles für Markenfans anbietet.

Brandts kleine Zwiebackwelt · Haus Stennert · Enneper Straße 3 · 58135 Hagen
Tel. 02331-4770 · www.brandt-zwieback.de

Schumacher

Mehr als ein Museum für Emil

58

Kunstmäzen Karl Ernst Osthaus und Maler Emil Schumacher wären begeistert gewesen, hätten sie die Eröffnung des Hagener Kunstquartiers 2009 miterlebt. Durch ein transparentes Foyer verbunden, sind das erweiterte Osthaus Museum und das neu erbaute Emil Schumacher Museum der neue Mittelpunkt des Kulturlebens an der Volme.

2006 hatten die Arbeiten für das Kunstquartier begonnen, und nach drei Jahren konnte das ambitionierte Projekt seiner Bestimmung übergeben werden. Hier erlebt der Besucher in zwei unterschiedlichen Museen ein breites Panorama von Kunst zwischen Gegenständlichkeit und Abstraktion. Das Emil Schumacher Museum widmet sich dem Lebenswerk des 1999 verstorbenen Hagener Künstlers, einem der bedeutendsten Vertreter expressiver Malerei. Die Dauerausstellung reicht vom Frühwerk Schumachers bis zu seinen großen Leinwänden und umfasst Ölgemälde, Gouachen, Grafiken, Keramik und Porzellan. Das Ausstellungsprogramm präsentiert Schumacher immer wieder im Zusammenhang mit internationalen Entwicklungen der Kunst und seinem zeitlichen Umfeld.

Das Osthaus Museum zeigt seine Sammlung im vom belgischen Jugendstilarchitekten Henry van de Velde gestalteten ehemaligen Folkwang-Gebäude. Das Museum bietet intensive Begegnungen mit künstlerischen Ausdrucksformen von der klassischen Moderne bis zu zeitgenössischen Positionen. Das Junge Museum erprobt neue Zugänge zur Kunst für Menschen jeglicher Herkunft und jeden Alters. Die Sammlung besteht aus über 1000 Gemälden, 800 Plastiken und Skulpturen sowie 250 Künstler-Objekten. Ein Höhepunkt ist eine der umfangreichsten Christian-Rohlfs-Sammlungen im öffentlichen Besitz. Zu sehen sind außerdem über 5000 Arbeiten auf Papier, an die 700 Arbeiten angewandter Kunst, über 100 Installationen sowie rund 2000 Mappen, Bücher und Objektkästen in der Präsentation »Architektur der Erinnerung« von Sigrid Sigurdsson.

Kunstquartier Hagen· Museumsplatz 1 · 58095 Hagen
Tel. 02331-2073138 · www.kunstquartier-hagen.de

59 470 Millionen Jahre Geschichte

Auf drei Etagen vereint das Museum für Ur- und Frühgeschichte im Wasserschloss Werdringen, einem alten Adelssitz in Hagen, 470 Millionen Jahren Menschheitsgeschichte. Das Museum darf sich rühmen, die Überreste der ältesten Menschen Europas aus der Nacheiszeit zu besitzen.

Der heimliche Star und größter Blickfang zugleich ist eine lebensgroße Nachbildung eines Mammuts. Mit seinem langen, zotteligen Fell und den gigantischen, gebogenen Stoßzähnen wirkt der Riese weitaus bedrohlicher als die anderen eiszeitlichen Tiere und der Dinosaurier, die in diesem Museum am Fuß des sagenumwobenen Kaisbergs anzutreffen sind. Damit stehlen die künstlichen Tiere den bedeutendsten Exponaten ein wenig die Schau – zumindest bei den kleineren Besuchern. Doch nicht ohne Stolz

nennt das städtische Museum die bisher ältesten gefundenen Überreste von modernen Menschen aus der Nacheiszeit in Europa sein Eigen. Sie sind über 11 000 Jahre alt und wurden in der Blätterhöhle am Weißenstein im Hagener Stadtteil Holthausen entdeckt.

Daneben wartet das kleine, aber feine Museum mit zum Teil sensationellen Funden aus 470 Millionen Jahren Menschheitsgeschichte auf. Dazu gehören die ältesten Fossilien Westfalens, riesige Ur-Insekten, Steingeräte des Neandertalers, Höhlenfunde aus der Eisenzeit und Ausgrabungsfunde aus dem Mittelalter.

Die Faszination geologischer und archäologischer Exponate bildet zudem die Grundlage für ein vielfältiges museumspädagogisches Programm. Dazu gehört etwa die Möglichkeit, verschiedene steinzeitliche Werkzeuge nachzubauen und auszuprobieren. Insbesondere beim jährlichen Museumsfest »STEINlive« werden alle Aspekte des täglichen (Über-)Lebens in der Steinzeit hautnah erlebbar – vom Bogenschießen über Grubenkochen bis zum Herstellen von Steinartefakten.

Museum für Ur- und Frühgeschichte Wasserschloss Werdringen · Werdringen 1 · 58089 Hagen
Tel. 02331-3067266 · http://historisches-centrum.de

60 Asterix reloaded

Das LWL-Römermuseum in Haltern befindet sich an genau der Stelle, an der die Römer vor mehr als zwei Jahrtausenden eine der wichtigsten militärischen Schaltzentralen betrieben. Mehr als 5000 römische Legionäre – und damit mehr als irgendwo sonst im Römischen Reich – waren hier stationiert. Von hier aus zog im 9. Jahrhundert n. Chr. die 19. Legion in die Varusschlacht.

»Tempus fugit – amor manet« – »Die Zeigt vergeht, aber die Liebe bleibt«, so ein altes lateinisches Sprichwort. Es könnte genauso gut lauten: »… aber die Schönheit bleibt.« Mehr als 2000 Jahre ist es her, dass die Römer hier lebten und sich mit schönen und praktischen Dingen umgaben. Die Liebe zur Schönheit der Dinge ist es, die die Besucher hier in den Bann zieht – sei es ein kunstvoller, blauer Glasteller oder eine faszinierende Knochenschnitzerei. Aber die Macher des Museums haben noch ganz andere Tricks auf Lager, um uns das Leben der Römer näherzubringen. So kann man sich zum Beispiel das gewichtige Marschgepäck eines Soldaten überstreifen.

In einem Lederzelt, das als Unterkunft genutzt wurde, berichtet eine antike »Tagesschau« über die neuesten Ereignisse in Germanien und Rom. Immer noch ein Geheimtipp sind die wirklich gut gemachten Führungen. Wenn es »Mit Asterix durchs Römerlager« geht, dann werden auf anschauliche Art und Weise die »echte« und die Comic-Antike verglichen. Dabei kommt es nicht selten zu Aha-Erlebnissen, sind viele der 1200 Exponate doch bereits aus den beliebten Geschichten um die tapferen Römer bekannt.

Wer auf den Geschmack gekommen ist, kann auch »Kochen wie die Legionäre« und bereitet unter fachkundiger Anleitung Mostbrötchen aus selbst gemahlenem Mehl und den Kräuterfrischkäse »Moretum« zu. Der Nachwuchs kann zudem in den Beruf des Archäologen hineinschnuppern, wenn es heißt: »Grabungshelfer gesucht!« Professionelle Forscher freuen sich über helfende Hände und erzählen gern über ihre Tätigkeit.

LWL-Römermuseum · Weseler Straße 100 · 45721 Haltern am See
Tel. 02364-93760 · www.lwl-roemermuseum-haltern.de

VICTORIA

61

Huu-huhuhuuu und jede Menge Geflatter

Bussard, Habicht, Waldkauz, Sperlingskauz und Eule sind allesamt Vögel, die in Deutschland vorkommen. Meistens bekommen wir kaum etwas von diesen gefiederten Freunden mit. Es sei denn, wir vernehmen den Ruf des männlichen Waldkauzes: »Huuuuuuu-huhuhuhuhuuu!« oder wir besuchen den Forsthof Haard.

Oft bezeichnet man das rund 5500 Hektar große Waldgebiet mit dem ungewöhnlichen Namen Haard als grüne Lunge des nördlichen Ruhrgebiets. Neben attraktiven Nordic-Walking-Routen und gut beschilderten Wanderwegen trifft man einige Kilometer südlich von Haltern, am Forsthof Haard, auf jede Menge Gefieder und Geflatter. Hier kümmert sich Forstwirt Michael Hähnel mit seinem Team hingebungsvoll um Exemplare besonders gefährdeter und geschützter Tierarten. Hilfsbedürftige Vögel sind hier in den richtigen Händen. Neben der medizinischen Versorgung geht es den Vogelfreunden hier aber auch darum, Besucher über die faszinierende Welt der heimischen Greifvögel und Eulen zu informieren. Im Rahmen einer Führung erlebt man die gefiederten Freunde sowie die Arbeit der Station hautnah, lernt viel über Tierschutz, Falknerei und den Umgang mit den Vögeln.

1995 gegründet, beherbergt die Station jährlich rund 70 Vögel, darunter auch seltene Irrgäste aus unseren europäischen Nachbarländern. Aufgenommen werden verletzte, kranke oder verwaiste Tiere. Oft sind es Privatpersonen, aber auch Tierärzte, Polizei und Feuerwehr, die die hilfsbedürftigen Vögel hierher bringen. Neben medizinischer Versorgung sind für das Aufpäppeln die artgerechte Haltung, die richtige Nahrung sowie ausreichend Ruhe wichtig. Sind die Vögel wieder fit für die »Welt da draußen«, werden sie beringt und somit wissenschaftlich gekennzeichnet und anschließend in die Freiheit entlassen.

Wenn nötig, werden hier auch Vogelkinder von Hand aufgezogen. Der Blick in ein Nest mit winzigen, grauen Wollknäueln ähnelnden Waldkäuzen gehört zu den Highlights eines Besuches.

Auffangstation für Greifvögel und Eulen am Forsthof Haard
Recklinghäuser Straße 291 · 45721 Haltern am See · Tel. 02364-92030

62

Jumbo trifft Schmetterlingskolonie

Die Bezeichnung »Jumbo« ist ob der Größe sicher nicht unangebracht: Im Maximilianpark steht das weltweit größte Gebäude in Tierform. Der von Horst Rellecke geschaffene Glaselefant in der ehemaligen Kohlenwäsche der Zeche Maximilian ist mit seiner Aussichtsplattform in 35 Metern Höhe zu Hamms Aushängeschild geworden.

Der »Maxipark« ist eine mit Liebe gestaltete tropische Enklave. Das ist spätestens klar, wenn man die gelben Warnschilder im Dschungeldickicht entdeckt, auf denen in großen Lettern steht: »Achtung! Raupen kreuzen!« Damit sind nicht etwa Baumaschinen gemeint, sondern unverpuppte, winzige Larven von Schmetterlingen. Blaue, gelbe, orange, braune, getupfte, gestreifte, getarnte und leuchtende Schmetterlinge umschwirren die Besucher des Schmetterlingshauses im Maximilianpark. Sie fliegen in einem rund 600 Quadratmeter großen Pflanzenparadies frei umher, und einige von ihnen scheinen alles andere als Berührungsängste zu haben. Vielleicht liegt es daran, dass die flatternden Schönheiten – mit so beeindruckenden Namen wie Morphofalter, Mondspinner, Gigantischer Atlasfalter oder Monarch – hier eindeutig in der Überzahl sind.

Die meisten Besucher kommen aber wegen eines ungleich größeren Tieres in den 22 Hektar großen Park, der 1984 anlässlich der Landesgartenschau auf dem Gebiet der ehemaligen Zeche Maximilian eingerichtet wurde: eben wegen des größten Elefanten der Welt. Besucher können in seinem gläsernen Rüssel in einem Lift 35 Meter nach oben fahren. Der Künstler Horst Rellecke verwandelte hier die alte Kohlenwäsche, ein riesiges, klobiges Gebäude, in eine begehbare Plastik.

Im Schatten des Dickhäuters laden coole Klettergerüste und Wackelbrücken, ein gigantischer Wasserspielplatz und das auf Grund gelaufene Piratenschiff »Maxitanic« die Kleinen zum Spielen ein, während Größere auf der Meditationsbrücke einen Ort der absoluten Stille finden.

Maximilianpark Hamm · Alter Grenzweg 2 · 59071 Hamm
Tel. 02381-982100 · www.maximilianpark.de

Eingang

Hindupracht am Datteln-Hamm-Kanal

63

Die Lage ist für ein Gotteshaus ebenso ungewöhnlich wie die Einrichtung selbst: Inmitten eines Gewerbegebietes in Hamm-Uentrop sorgt in Sichtweite des Dattel-Hamm-Kanals ein hinduistischer Tempel für asiatisches Flair.

In dem prachtvollen Tempel residieren gemäß Hinduglauben verschiedene Gottheiten. Beim Betreten verbeugen sich die Gläubigen mit gefalteten Händen und sprechen einen heiligen Gruß, um den Göttern Respekt zu zollen und um Dankbarkeit und Hingabe zu demonstrieren. Auch Gäste sind im Sri Kamadchi Ampal Tempel willkommen, sofern sie denn einige simple Grundregeln befolgen: Das Tragen von Schuhen ist untersagt, und Handys müssen ausgeschaltet sein. Zudem darf weder geraucht noch Fleisch verzehrt oder Alkohol getrunken werden. Auch Haustiere müssen draußen bleiben. Ferner dürfen Frauen während ihrer Periode aus religiösen Gründen den Tempel nicht betreten. Ansonsten gibt es keinerlei Einschränkungen, sieht man einmal von der Tatsache ab, dass das Betreten der Schreine der Gottheiten allein den Priestern vorbehalten ist.

Die Geschichte des 1989 errichteten Tempels, der 1997 nach Uentrop verlegt wurde, ist eng mit der Flucht von Zehntausenden Angehörigen der tamilischen Minderheit aus ihrer Heimat Sri Lanka verbunden. Sie ließen den 27 mal 27 Meter großen Tempel streng nach der Vorlage und dem Stil des Kamakshi-Tempels im südindischen Kanchipuram unter Federführung des Hammer Architekten Heinz-Rainer Eichhorst errichten. Allein das Tempelportal (Gopuram) ist 17 Meter hoch. Im Inneren des 700 Quadratmeter großen Tempels sind die Granitstatue der namensgebenden Göttin sowie über 200 weitere Figuren von Gottheiten zu finden. Mit viel Bedacht wurde auch die Lage des Tempels unweit des Datteln-Hamm-Kanal gewählt. In dem künstlichen Gewässer wird das Bildnis der Göttin Kamadchi zum Abschluss des Tempelfestes, das jährlich im Mai oder Juni stattfindet, gewaschen.

Sri Kamadchi Ampal Tempel · Siegenbeckstraße 4–5 · 59071 Hamm
Tel. 02388-302223 · www.kamadchi-ampal.de

64 Der Bacchus des Ruhrgebiets

Im Land der Pils- und Altbiertrinker betreibt ein Winzer aus der Pfalz ein kleines Open-Air-Museum, das sich ganz dem Wein verschrieben hat. Der Bacchus-Jünger hat mit geradezu missionarischem Eifer ein Stück Weinkultur nach Hamminkeln am Rand des Ruhrgebiets gebracht.

Der Kreis Wesel gehört nicht gerade zu den klassischen Weinanbaugebieten. Frei nach »Asterix und Obelix« könnte es hier heißen: Das westliche Ruhrgebiet ist von Biertrinkern besiedelt. Das ganze westliche Ruhrgebiet? Nein, in Hamminkeln ist ein Winzer beheimatet, der sich zum Ziel gesetzt hat, die Weinkultur in diesen Teil des Potts zu tragen. Und so eröffnete Eckhard Kloster hier 2006 Deutschlands erstes Wein-Freilicht-Museum.

Mit missionarischem Eifer betreibt Eckhard Kloster zusammen mit seiner Frau Heike ein kleines Weingut. Ursprünglich stammt Kloster aus einer Winzerfamilie in Worms. Noch heute leitet er die dortige Kellerei des Weinguts Kloster-Abenheim. Groß ist Klosters Liebe für den Wein. Größer noch die zu seiner Frau, die am Niederrhein aufwuchs. Kloster folgte seinem Herzen, ließ sich am Rande des Ruhrgebiets nieder, nicht ohne sich weiter der Herstellung von Wein zu widmen.

Nur mit dem Weinanbau will es in Hamminkeln nicht so recht gelingen. Bislang gedeihen dort nur Tafeltrauben. Gleichwohl können Interessierte hier den Herstellungsprozess des Weines vom Pflanzen des Rebstocks bis zur Abfüllung hautnah erleben. Historische Gerätschaften vermitteln einen Einblick in die Handwerkskunst des Kellermeisters. Eine Flaschenspülmaschine, eine Abfüllanlage, eine Handpumpe und ein Verkorkungsgerät sind ebenso zu sehen wie Werkzeuge aus dem Weinberg.

Sieben Stationen umfasst das 4000 Quadratmeter große Museum. Infotafeln verschaffen einen Einblick in Boden-, Klima- und Anbauthemen. Eine Trockenmauer verdeutlicht, wie ein Winzer im Berg genug Raum für seine Reben schafft.

Wein-Freilicht-Museum Kloster-Kraul · Hölzerweg 5a · 46499 Hamminkeln-Wertherbruch
Tel. 02873-919444 · www.wein-freilicht-museum.de

4018

Stahlgigant mit rostigem Charme

65

Fast 150 Jahre lang sprühten die Funken, wenn die Hochöfen der Henrichshütte das flüssige Eisen ausspuckten. Inzwischen wird rund um den ältesten noch erhaltenen Hochofen im Revier die Geschichte von Eisen und Stahl anschaulich aufgearbeitet und erlebbar.

Schön sieht definitiv anders aus. Aber es ist schön zu sehen, wie sich die Natur einiges von dem zurückerobert, was hier seit 1854 – seit der Gründung der Hütte durch Graf Henrich zu Stolberg-Wernigerode – systematisch verdrängt wurde. Auf der einen Seite faszinieren die in die Jahre gekommenen und häufig von Rost überzogenen Überreste der Henrichshütte, auf der anderen Seite nutzt die Pflanzenwelt seit der Stilllegung des letzten Hochofens im Jahr 1987 kontinuierlich die Chance, sich auszubreiten. Wilder Majoran, eigentlich in Kleinasien anzutreffen, wächst hier ebenso wie Stinkender Storchschnabel oder der ursprünglich in China beheimatete Götterbaum, dessen Samen vermutlich als Anhängsel von Rohstoffen den Weg nach Hattingen fanden.

Über Jahrzehnte prägte die Henrichshütte das Stadtbild. Bis zu 10 000 Männer und Frauen standen hier in Lohn und Brot. Sie stellten Koks, Eisen und Stahl her, gossen, walzten und schmiedeten das Metall und produzierten eine riesige Produktpalette von Autoblechen über Raketenbauteile und Panzergehäuse bis hin zu Schiffsschrauben.

Heute dient der Stahlgigant als Industriemuseum des Landschaftsverbandes Westfalen-Lippe. Der Produktionsweg des Eisens und des Stahls wird hier nacherzählt. Dabei spannt sich der Bogen von der Roheisenherstellung bis hin zum Abstechen des 1400 Grad heißen Eisens. Zudem erfahren Interessierte, wie das Eisen dann zu schmiedbarem Stahl verwandelt wurde. Erzählt wird aber auch von dem besonderen Menschenschlag, der hier schuftete, von der gefährlichen Arbeit mit flüssigem Stahl sowie dem Aufstieg und Niedergang der Henrichshütte als einer der größten Industrieanlagen der Region.

LWL-Industriemuseum Henrichshütte Hattingen · Werksstraße 31–33 · 45527 Hattingen
Tel. 02324-92470 · www.henrichshuette.de

66 Romantik pur dank Buddel-AG

Will man den herrlichen Ausblick auf die ruhig dahinfließende Ruhr und die Ruinen der Isenburg genießen, muss man erstmal ordentlich bergauf wandern. Den besten Startpunkt für den Aufstieg bildet der Wanderparkplatz an der Isenbergstraße am Fuße des Hattinger Isenbergs.

Oben angekommen, kann man zunächst den Ausblick vom steilen Felsen hinab auf die malerische Szenerie der Ruhrschleife genießen. Viele Einheimische handeln diesen Ort ganz oben auf der Liste der beliebtesten Picknickplätze im Revier. Dann lässt sich das frei zugängliche, weiter leicht ansteigende Areal erkunden, indem man zwischen den Mauerresten umherstreunt. Die vielen Nischen, Mäuerchen und Treppen lassen Raum für Fantasie. Dort mögen Mägde das Wasser geholt haben, hier stiegen die Wachen auf den Wachturm, dort flanierten die Burgfräulein …

Wer es mehr mit den Fakten hält, der stößt im Museum im Haus Custodis, das sich mitten auf dem Burggelände befindet, auf zahlreiche Infos. Auch ein aufschlussreiches Modell der Burg ist hier zu finden. Darüber hinaus erfahren Interessierte, dass die Isenburg im Jahr 1199 fertiggestellt wurde. Bereits ein Vierteljahrhundert später wurde sie nach einer wilden Macht-, Mord- und Totschlag-Episode wieder zerstört und trotz (oder wegen?) ihrer strategisch wertvollen Lage zwischen der Hauptstadt des Erzbistums Köln und Soest, der Hauptstadt des Herzogtums Westfalen, nicht wieder aufgebaut.

Erst im Jahr 1858 entdeckte ein gewisser Max Josef Custodis den Zauber dieses Ortes und errichtete das nach ihm benannte Haus als Sommerresidenz über den damals noch nicht freigelegten Ruinen.

Einen Teil der archäologischen Ausgrabungen übernahm zwischen 1969 bis 1989 die sogenannte »Buddel AG«, die aus 500 Schülern des Hattinger Gymnasiums Waldstraße bestand – quasi Archäologen von der Schulbank.

Burg Isenburg · Am Isenberg 2 · 45529 Hattingen
www.burg-isenberg.de

67 Pistenspaß im Ruhrgebiet

Selbst eingefleischte Ruhrgebietler wissen oftmals nicht, dass zwischen Halden und Hütten in schneereichen Wintern das Ski-, Snowboard- und Schlittenfahren möglich ist. Sowohl in Hattingen als auch in Breckerfeld und Hagen finden Wintersportbegeisterte Skihänge mit eigenen Liftanlagen.

Von Ruhrgebiets-Alpen zu sprechen, wäre sicherlich übertrieben. Doch zumindest ab und an können Wintersportler inmitten des Kohlenpotts die Bretter unterschnallen. Zugegeben, die Zahl der Pisten ist überschaubar, ebenso deren Längen. Gleichwohl stürmen, wenn immer es möglich ist, Hunderte die Pisten im Ruhrgebiet, sobald die Hänge mit einer satten Schneeschicht überzogen sind.

Erster Anlaufpunkt ist der Skihang am Landhaus Siebe im Wodantal in Hattingen, wo es seit 1987 regelmäßig heißt: »Ski und Rodeln gut!« Damals errichtete Landhaus-Chef Gustav-Adolf Siebe auf Drängen seiner Töchter an dem knapp 230 Meter langen Hausberg einen Schlepplift. Genug Piste, um mächtig in Schwung zu kommen. Um das perfekte Wintersport-Feeling abzurunden, darf natürlich die Möglichkeit zum Einkehrschwung nicht fehlen. Die beheizte Partyscheune des Landgasthofs hält Hochprozentiges vor, und der dazugehörige Imbiss serviert Deftiges. Nur einen Ski- und Schlittenverleih gibt es nicht.

Im Breckerfelder Stadtteil Epscheid betreibt der TuS Breckerfeld seit 1991 ebenfalls einen 220 Meter langen Schlepplift. Zudem gibt es in der Hansestadt am Rande des Wandergebietes Krägeloher Forst eine zehn Kilometer lange gespurte Langlaufloipe, deren Startpunkt am Wanderparkplatz Neuenloh an der Landstraße L528 liegt.

Auch in Hagen ist ab und zu eine Schussfahrt möglich. Am Goldberg unterhält der Hagener Skiklub seit 1983 einen Schlepplift. Hier kann bei entsprechender Schneelage auf der gut 200 Meter langen Piste sogar unter Flutlicht gewedelt werden.

Skilift am Landhaus Siebe · Am Stuten 27–29 · 45529 Hattingen · Tel. 02324-59800
www.landhaus-siebe.de · Skilift Epscheid in Breckerfeld · Schneetelefon 02338-80932
www.breckerfeld.de · Skilift am Goldberg in Hagen · Tel. 02331-784985 (Skiclub) · www.sk-hagen.de

Viel Rummel am Rhein-Herne-Kanal

68

Die Cranger Kirmes, eines der größten und ältesten Volksfeste in Deutschland, lockt alljährlich an zehn Tagen rund vier Millionen Besucher nach Herne. Die Budenstadt mit ihren zahlreichen Fahrgeschäften erstreckt sich über fünf Kilometer und sorgt für Jubel, Trubel und Heiterkeit am Rhein-Herne-Kanal.

Ohne Frage ist die Cranger Kirmes das größte Volksfest in Nordrhein-Westfalen. Gemessen an den Besuchern pro Tag und pro Quadratmeter übertrifft sie sogar das Münchener Oktoberfest. Wie alt die Kirmestradition genau ist, vermag hingegen niemand mit Bestimmtheit zu sagen. Vorläufer des Volksfestes lassen sich bis in die erste Hälfte des 15. Jahrhunderts nachweisen. Es ging aus einem Pferdemarkt hervor, der urkundlich belegt erstmals 1441 stattfand. Seither wurden rund um den 10. August, dem Laurentiustag, im Herner Stadtteil Crange nicht nur die berühmten Emscherbrücher Wildpferde gehandelt. Nach und nach entdeckten auch Gaukler, Tänzer, Taschenspieler, Wahrsager und Schausteller den Markt für sich.

Dank einer eigenwilligen Zählung, die einer Vordatierung des 500. Jubiläums durch das Hitler-Regime auf das Jahr 1935 geschuldet ist, ging 2010 die 575. Cranger Kirmes über die Bühne. Jedenfalls hat die Veranstaltung über die Jahrhunderte nichts an Magnetwirkung eingebüßt.

Eröffnet wird das Spektakel mit dem Anstechen eines Bierfasses in der Bayern-Festhalle, gefolgt vom Abfeuern von elf Böllerschüssen. Wie die Fahrgeschäfte, Losbuden, Getränke- und Imbissbuden gehören Höhenfeuerwerke am Eröffnungs- und am Abschlusstag fest zur Cranger Kirmes. Umrahmt wird diese von einem Pferdemarkt und einem Festumzug mit mehr als 100 Fußgruppen, Kapellen und bunten Mottowagen sowie einigen Tausend Teilnehmern am Kirmessamstag. Gesäumt wird der vier Kilometer lange Weg durch die Stadtbezirke Eickel und Wanne von über 50 000 Leuten, die allesamt in bester Kirmeslaune sind.

Cranger Kirmesplatz · An der Cranger Kirche · 44653 Herne-Crange
www.cranger-kirmes.de

Menschheitsgeschichte unterirdisch

69

Archäologie muss nicht staubtrocken präsentiert werden. Versteinerte Funde sind mehr als nur stumme Zeuge der Vergangenheit. Keine Frage, das LWL-Museum für Archäologie setzt sowohl architektonisch als auch mit seinem Museumskonzept ganz neue Akzente. Hier taucht man im wahrsten Sinn in die Vergangenheit ab.

Eigentlich klingt es nicht nett zu behaupten, ein Museum sei unterirdisch. Erst recht nicht, wenn außerdem salopp dahergesagt wird, dort lägen lauter Knochen herum. Und als ob all dies nicht genug wäre, heißt es auch noch, unter der Erde gäbe es einen Wald. Das ist alles richtig, könnte aber das Museum für Archäologie in ein falsches Licht rücken. Tatsächlich darf die Institution in Herne für sich in Anspruch nehmen, beeindruckende Schätze aus 250 000 Jahren Menschheitsgeschichte in seinem Fundus zu haben.

Wer hier tief in die Geschichte des Reviers eintauchen möchte, wandelt tatsächlich auf unterirdischen Pfaden. Dort erwartet die Besucher eben auch ein Teil eines versteinerten, gut 10 000 Jahre alten Waldes. Die 4200 Quadratmeter große Ausstellungsfläche des Museums liegt unter der Erde, also dort, wo gewöhnlich Archäologen die Spuren der Vergangenheit ausgraben und erforschen. Über einen Steg führt der Rundweg zu Gräbern, Brunnen und den Resten einer frühchristlichen Kirche.

Vieles von dem, was Wissenschaftler mühsam ans Tageslicht befördert haben, wird vom Museum für Archäologie anschaulich aufbereitet. Dabei dürfen auch besagte Knochen nicht fehlen. Dies sind natürlich keine arglos weggeworfenen Hühnerbeine, sondern wertvolle Skelettteile unserer Vor-Vor-Vorfahren, die Rückschlüsse auf deren Leben und Lebensweise zulassen.

Um mehr über die Geschichte der Menschheit zu erfahren, müssen sich Besucher nicht mit einem Blick auf die mehr als 10 000 Fundstücke begnügen. Im Forscherlabor sieht man, mit welchen Methoden die Wissenschaft versucht, die Spuren der Vergangenheit zu entschlüsseln.

LWL-Museum für Archäologie, Westfälisches Landesmuseum · Europaplatz 1 · 44623 Herne
Tel. 02323-946280 · www.lwl-landesmuseum-herne.de

70 Die mittigste aller Mitten

Seit 2012 liegt die Mitte des Kohlenpotts nachweislich in Herne, der flächenmäßig nach Offenbach zweitkleinsten Großstadt in Deutschland. Zuvor hatten Experten zwei andere Mitten ausgeguckt – aber die erwiesen sich doch nicht als mittig genug.

Frei nach Gertrude Steins Vers »Eine Rose ist eine Rose ist eine Rose« könnte es hier heißen: »Eine Mitte ist eine Mitte ist eine Mitte.« Jedenfalls fühlt sich Herne, wenn schon nicht als Nabel der Welt, so doch seit 2012 als Mittelpunkt des Ruhrgebiets. Dank der Rechenkünste von Dr. Wojciech Smolarek konnte mithilfe des geodätischen Referenzsystems WGS84 ermittelt werden, dass das Zentrum des Kohlenpotts bei 51° 31' 3" nördlicher Breite und 7° 8' 42" östlicher Länge liegt. Und diese Stelle lässt sich auf dem Bürgersteig vor dem Haus Nummer 49 an der gesichtslosen Rolandstraße im Herner Stadtteil Röhlinghausen ausmachen.

Ein magisches Fleckchen Erde, das Hernes Antwort auf das Nordkap oder auf Land's End ist – mit dem Unterschied, dass die Orte in Norwegen bzw. England Heerscharen von Touristen anlocken. In der Reviermitte blieb ein solcher Run bis dato aus. Und dies, obwohl ein Granitfindling mit Edelstahlplatte das Kohlenpottzentrum markiert und die nächste Bahnhaltestelle nur einen Steinwurf entfernt liegt. Selbst die Immobilienpreise im Schatten der neuen Attraktion sind stabil geblieben.

Mit dem Aufstellen des Steines ist Herne zur neuen Mitte des Kohlenpotts geworden. Zuvor gab es diesbezüglich andere Wahrheiten: Der Regionalverband Ruhr hat mithilfe des geografischen Schwerpunkt-Verfahrens den Rand der Deponie im Emscherbruch von Gelsenkirchen als Reviermitte bestimmt. Einen anderen Mittelpunkt hatte der RVR auf dem ehemaligen Zechengelände Pluto 2/3/7 im Herner Stadtteil Wanne erkannt, nachdem Kartografen die Extrempunkte des Potts mit Strichen verbunden hatten. Eine Mitte ist eben nicht immer eine Mitte. Auch wenn heute alle sagen, Smolareks Mitte sei die mittigste aller Mitten.

Reviermitte · Rolandstraße 49 · 44651 Herne-Röhlinghausen

Sie befinden sich am geografischen
Mittelpunkt des Ruhrgebiets
in Herne-Röhlinghausen
nördliche Breite
östliche Länge

71

Scharfer »Manta-Teller«

Im Herner Imbiss »Die Currywurst« geht es täglich um die gleichnamige Wurst. Diese wird hier in zehn Schärfegraden serviert, und einmal im Jahr gibt es sogar einen Wettbewerb für diejenigen, denen es gar nicht scharf genug sein kann.

800 Millionen Currywürste sollen jährlich in Deutschland vertilgt werden. Wie viele es im Ruhrgebiet sind, vermag niemand mit Bestimmtheit zu sagen. Egal, wie hoch die Ziffer auch sein mag, Fakt ist: Die Currywurst ist Kult im Revier. Sogar so sehr, dass sie schon 1982 von Herbert Grönemeyer besungen wurde. Während die Berliner keinen Zweifel daran lassen, dass Herta Heuwer aus Charlottenburg 1949 die Currywurst erfand, behaupten die Hamburger, dass sie schon 1947 auf dem dortigen Großneumarkt feilgeboten wurde.

Wer nun genau die Wurst mit der gewürzten Sauce erfunden hat, wird sich wohl nie klären lassen. Fest steht aber, dass die schärfste im Ruhrgebiet kredenzt wird, in einer Region, in der die Wurst gerne zusammen mit Pommes frites als »Manta-Teller« oder »Bottroper Schlemmerplatte« bestellt wird.

Im Herner Stadtteil Wanne-Eickel, genauer gesagt an der dortigen Heidstraße, findet sich der wohl unumstritten größte Scharfmacher des Landes. Die von Gabriele und Gerd Herzog betriebene Kult-Imbissbude »Die Currywurst« bietet die Wurstspezialität gleich in zehn Schärfegraden an. Da kann das Mündchen schon mal eine Weile heftig brennen und es einem die Tränen in die Augen treiben, zumal sich das Feuer selbst mit einem Pils und Korn nicht löschen lässt. Doch die »Ruhris« mögen es scheinbar scharf, stimmen eindrucksvoll mit den Füßen ab. Ob Manager, Professor oder Malocher, sie alle kommen zum Teil aus dem ganzen Kohlenpott nach Herne, um Herzogs Wurst zu verspeisen. Und wem die zu scharf ist, der kann immer noch auf die ebenfalls angebotenen Pommes mit Nutella umschwenken.

Imbiss Die Currywurst · Heidstraße 28 · 44649 Herne
Tel. 02325-77776 · www.diecurrywurst.com

72

Spätgotik im englischen Park

Die Spätgotik lässt grüßen: Das aufwendig renovierte Wasserschloss in Herten gilt als Paradebeispiel herrschaftlichen Wohnens in jener Epoche. Zudem steht es inmitten einer prächtigen Parkanlage nach englischem Vorbild. Rund um das Schloss gedeihen seltene Baumriesen, alte Wälder und Narzissenwiesen.

Nur einen Steinwurf von der Innenstadt entfernt thront das Hertener Wasserschloss in seinem alten englischen Landschaftspark. Das mittelalterliche Kleinod mit den weithin sichtbaren Staffelgiebeln wurde 1376 erstmals urkundlich erwähnt und nach einer wechselvollen Geschichte ab den 1970er-Jahren aufwendig renoviert. Die Hauptburg der denkmalgeschützten Anlage, die ab 1530 unter der Ägide des kurkölnischen Statthalters Bertram von Nesselrode erweitert wurde, ist ein rundum von einer Gräfte umgebener Ziegelbau. Das Prunkstück der Architektur im Übergang von der Gotik zur Renaissance war bis 1920 gräflicher Wohnsitz, ehe es in einen jahrzehntelangen Dornröschenschlaf verfiel. Erst 1974 begannen die rund 15 Jahre andauernden Renovierungsarbeiten.

Heute präsentiert sich das Wasserschloss als zweiteilige Anlage mit Hauptburg und einer auf einer Insel gelegenen Vorburg. Umrahmt wird das Ensemble von den Wiesen und Wäldern des 30 Hektar großen Schlossparks, den Maximilian Friedrich Weyhe in den Jahren von 1814 bis 1817 anlegte. Der Düsseldorfer Hofgärtner gestaltete den einstigen französischen Garten zu einem englischen Landschaftsgarten um, wobei er prägende Elemente des Barocks wie einige Alleen oder die Orangerie von 1725 beibehielt. Der weitläufige Park zeichnet sich dadurch aus, dass hier rund 300 Baumarten zu finden sind, darunter so seltene Gehölze wie ein aus China stammender Taschentuchbaum, Großblattmagnolien, Chiletannen, japanische Scheinzypressen, Kuchen-, Trompeten- und amerikanische Maiglöckchenbäume. Zu den Blickfängen gehört auch das 1795 erbaute Tabakhäuschen.

Wasserschloss Herten · Im Schlosspark · 45699 Herten
Tel. 02366-303659 · www.herten.de

Barocke Pracht zum Lustwandeln

73

Das prachtvolle Kloster Kamp liegt erhöht auf einem Hügel. Es wurde 1123 errichtet, im Jahr 1585, während des Truchsessischen Krieges, jedoch fast vollständig zerstört. Was für ein Glück, dass es ab 1683 ganz im Stil des Barocks in all seiner Pracht wiederaufgebaut wurde.

Das Kloster blickt auf eine bewegte Geschichte zurück – handelt es sich doch um das erste auf deutschem Boden errichtete Zisterzienserkloster. Vor allem in seinen Anfängen bildete es das geistige Zentrum der Region. Den besten Überblick über die Vergangenheit des Klosters verschafft man sich im Museum Kloster Kamp, das im denkmalgeschützten Gebäude des ehemaligen Agatha-Stifts untergebracht ist. Das 2005 modernisierte Museum informiert anschaulich über das Leben und Wirken der Zisterzienser. Kunsthistorisch überaus bemerkenswert sind eine Mitra aus dem 18. Jahrhundert sowie das Kampener Antependium, ein Altarbuch aus dem 14. Jahrhundert.

Wem so viel Vergangenheit zu staubig erscheint, der wird sich im wundervollen Terrassengarten des Klosters wohler fühlen. Zwischen 1986 und 1990 ließ die Stadt den schmucken Garten wieder so anlegen, wie er im 18. Jahrhundert ausgesehen hat. Der akkurat gepflegte Garten gefällt wegen seiner Symmetrie und der geschickten Kombination aus Stufen, raffiniert geschnittenen Hecken sowie der zahlreichen Blüten und Fontänen. Dieses beeindruckende Gartenbaudenkmal erstreckt sich über eine Fläche von 21 700 Quadratmetern. Ergänzt wird die Grünanlage, die zum Lustwandeln einlädt, durch wechselnde Ausstellungen in der Orangerie sowie durch Skulpturen und Plastiken als Blickfänge.

Einen besonderen »Raum der Gastfreundschaft« bildet das Klostercafé im alten Refektorium. Hier gibt es weder feste Preise noch eine feste Speisekarte. Je nach Saison und Angebot wählt man zwischen Kuchen oder Herzhaftem. Der Gast zahlt dann den Beitrag, den er für angemessen hält.

Kloster Kamp · Abteiplatz 13 · 47475 Kamp-Lintfort
Tel. 02842-927540 · www.kloster-kamp.de · www.kloster-kamp.com

74 Auf acht Rollen übers Rollfeld

Seit den 1990er-Jahren bietet der DJK-Sportverband Lenkerbeck auf dem kleinen Verkehrslandeplatz Loemühle in Marl Inlineskatern in den Sommermonaten die Möglichkeit, auf der Start- und Landebahn ihre Runden zu drehen.

Üblicherweise darf auf Flughäfen das Rollfeld allenfalls kurz zum Ein- oder Aussteigen betreten werden, wenn die Maschine weit weg vom Terminalgebäude parkt und die Passagiere mit einem Bus hin transportiert werden müssen. Am Verkehrslandeplatz Loemühle rollen nicht nur Flugzeuge über die Start- und Landebahn, sondern auch Hunderte von Inlineskatern, die in den Abendstunden auf dem Rollfeld des seit 1957 betriebenen Marler Flugplatzes ihre Runden drehen. Es sei denn, die Bahn ist regennass – dann fällt das Vergnügen im wahrsten Sinne des Wortes ins Wasser.

Stand die asphaltierte Piste den Hobbysportlern früher während der warmen Jahreszeit allabendlich zur Verfügung, so ist das vom DJK Lenkerbeck organisierte Vergnügen seit der Privatisierung des Flugplatzes nur noch freitags abends ab 20 Uhr möglich. Rund zwei Kilometer lang ist die schnelle Runde in Sichtweite des Flughafengebäudes und der geparkten Kleinflugzeuge. Aber nicht nur Inlineskater sind auf dem 20 000 Quadratmeter großen Areal des kleinen Flugplatzes vertreten. Willkommen ist alles, was Rollen hat: Rollschuhe, Waveboards, Skateboards. Neben Familien und reinen Hobbysportlern trainieren hier auch Speedies für ihre Wettkämpfe. Derweil können Anfänger auf eigene Faust oder im Rahmen von speziellen Workshops unter fachlicher Leitung erste Erfahrungen sammeln.

Für die Nutzung des Rollfeldes ist eine Gebühr zu entrichten. In den Tages- und Jahreskarten sind Unfall- und Haftpflichtversicherung eingeschlossen. Gleichwohl ist das Tragen von spezieller Schutzkleidung vorgeschrieben – aber das versteht sich für den vernünftigen und umsichtigen Skater von selbst.

Verkehrslandeplatz Loemühle · Hülsstraße 301 · 45770 Marl
http://vlp-loemuehle.de · www.djk-lenkerbeck.de

75

Fesselnder Chemieunterricht

Wer beim Wort Chemie an langweilige Schulstunden denkt, der wird im »Chemiebaukasten der Superlative« in Marl, einem der größten Industrieparks in Deutschland, davon überzeugt, wie spannend das Thema rund um die Erforschung und Nutzung der Elemente sein kann.

Die Chemischen Werke Hüls GmbH wurden bereits 1938 gegründet. Nach erheblichen Zerstörungen im Zweiten Weltkrieg entwickelten sie sich mit neuen Produkten zu einem Unternehmen von Weltrang. Das Informations-Centrum am Feierabendhaus präsentiert eine Ausstellung zu Geschichte, Gegenwart und Perspektiven des Chemie-Standortes Marl. Dreimal in der Woche wird eine Werksführung inklusive Busfahrt durch den Chemiepark angeboten. Vorbei an der imposanten Kulisse der chemischen Anlagen führt die Tour den Besucher auch ins Laborhochhaus, von dem aus sich ein Blick über die gigantischen Werksanlagen bietet.

Im Chemiepark Marl werden heute in etwa 100 Anlagen mit ca. 10 000 Beschäftigten rund 4000 Chemikalien, darunter Chlor, Benzol, Harze, Wasserstoff und Schwefelsäure, hergestellt. Er erstreckt er sich über eine Fläche von 6,5 Quadratkilometern. Eigene Pipelines versorgen die Betriebe mit Erdgas, Benzol und Kohlenwasserstoff.

Betreiberin ist das Unternehmen Infracor, das für die ansässigen Firmen die Energieversorgung, Logistik und Anlagenbetreuung als Dienstleistung übernimmt. Man legt großen Wert auf Sicherheit in diesem Industriepark, der zu den größten in ganz Deutschland gehört. Trotzdem kam es in der Geschichte des Chemieparks einige Male zu Zwischenfällen. Man bemüht sich allein deshalb schon um bestmögliche Information, Aufklärung und vor allem um ein gutes nachbarschaftliches Verhältnis. So ist hier das Falschparken beinahe eine gute Tat. Denn das Bußgeld, das der Werkschutz den Parksündern auf dem Gelände auferlegt, geht an gemeinnützige Einrichtungen.

Chemiepark Marl · Paul-Baumann-Straße 1 · 45772 Marl
Tel. 02365-495999 · www.infracor.de · www.marl.de

Leuchtendes Montankunstwerk

76

Geheimnisvoll rot leuchtet die Halde Rheinpreußen in Moers nach Einbruch der Dunkelheit. Im Mittelpunkt einer aufwendigen Lichtinstallation, die an glühenden Stahl erinnert, steht mit dem »Geleucht« eine begehbare Grubenlampe von gigantischem Ausmaß.

In Moers haben sie jeden Abend mächtig die Lampe an. Was nicht bedeutet, dass die 105 000 Einwohner volltrunken durch die Gegend torkeln. Vielmehr sehen sie rot – zumindest, wenn sie Richtung Halde Rheinpreußen blicken. Allabendlich wird der mit dem Abraum der Zeche gleichen Namens aufgeschüttete, 75 Meter hohe Berg spektakulär illuminiert. Dabei wird neben einem 8000 Quadratmeter großen Ausleuchtungsfeld mit 35 Leuchtmasten die von Otto Piene geschaffene Skulptur »Das Geleucht« ins Licht gerückt.

Rund 1,2 Millionen Euro flossen in die Fertigstellung des Kunstwerks. Die 30 Meter hohe, begehbare Stahlkonstruktion hat einen Durchmesser von 6,50 Metern und verfügt in 9,50 Metern Höhe über eine Aussichtsplattform.

Optisch ist »Das Geleucht« der Davy-Lampe nachempfunden. Dieses nach seinem Erfinder, dem Engländer Sir Humphry Davy, benannte Utensil hatte bei seiner Einführung im frühen 19. Jahrhundert die Sicherheitslage unter Tage revolutioniert. Zuvor arbeiteten die Bergleute im Schein offener Flammen, was die Gefahr von Schlagwetterexplosionen beim Austreten der Grubengase barg. Davy fand heraus, dass sich ein eigentlich hochexplosives Methan-Luftgemisch in engen Röhren mit weniger als 3,5 Millimetern Durchmesser und einem Drahtnetz mit ausreichend feinen Maschen nicht entzündet.

»Das Geleucht« ist nicht nur eine Hommage an den Bergbau, sondern dank der abendlichen Beleuchtung, in der die Halde Rheinpreußen optisch an das Glühen des Stahls im Hochofen erinnert, auch an die Montanindustrie. Ein leuchtendes Denkmal des Kohlenpotts mit Signalwirkung.

Halde Rheinpreußen · Gutenbergstraße · 47443 Moers

77

Dem Pott aufs Haupt geschaut

Himmlische Perspektiven garantiert: Bei den Touren mit dem Luftschiff vom kleinen Flughafen Essen-Mülheim aus blickt man aus der Vogelperspektive auf das Ruhrgebiet.

Ein Pferd ist es nicht. Und doch wird es wie ein solches mit einer langen Leine angebunden. Aber nicht im Stall, sondern in einer grünlichen Halle im XXL-Format. Diese steht nicht auf der offenen Wiese, auch wenn um sie herum jede Menge Gras wächst. So ungewöhnlich wie der Unterstellplatz ist auch das Gefährt selber: Das Luftschiff am Flughafen Essen-Mülheim erinnert optisch an eine fliegende Zigarre. Nur mit dem Unterschied, dass in einer Zigarre niemand sitzen kann.

In der Kanzel des 60 Meter langen und knapp 19 Meter hohen Fluggerätes der Westdeutschen Luftschiffgesellschaft (WDL) finden neben dem Kapitän und einer Flugbegleiterin bis zu sechs Passagiere Platz. Mit diesen hebt das Prallluftschiff, auch Blimp genannt, zu Rundflügen über das Ruhrgebiet ab und präsentiert das Gebiet zwischen Ruhr, Emscher und Rhein mit surrendem Motor aus der Vogelperspektive.

Bis zu 1800 Meter hoch kann die Maschine theoretisch steigen. Zumeist bewegt sie sich aber nur knapp oberhalb von 300 Metern, wo sie dann, angetrieben von zwei 210 PS starken Motoren, mit etwa 65 Stundenkilometern gemächlich durch die Lüfte schwebt und herrliche Blicke auf das Ruhrgebiet eröffnet.

Ein mulmiges Bauchgefühl fliegt dabei immer ein wenig mit. Denn dank der riesigen Außenhülle mit einem Volumen von 7200 Kubikmetern bietet das Prallluftschiff immer wieder eine große Angriffsfläche für die Launen des Windes. Daher hat der Pilot während des Fluges alle Hände voll zu tun, muss ständig das Höhen- und Seitenruder im Griff haben und den Gasdruck kontrollieren, während die Passagiere mit Ahs und Ohs durch Fensterscheiben eine Landschaft bestaunen, die nicht mehr viel mit dem alten verkrusteten Klischee einer Industrieregion zu tun hat.

WDL Luftschiffgesellschaft mbH · Lilienthalstraße 8 · 45470 Mülheim an der Ruhr
Tel. 0208-378080 · www.wdl-worldwide.com

WDL
50 JAHRE
D-EDGG
D-EIYT

Flieg mit ! WAZ
weitere Infos: www. DERWESTEN.de

78 In die Pedale treten auf der Ruhr

Es ist kein Radausflug, es ist keine Bootstour, es ist kein Urlaub im Hausboot – es ist eine Mischung aus allem! Bei der Grünen Flotte handelt es sich um einen Verleih von Haustretbooten, in denen man auch wunderbar nächtigen kann.

Die Idee ist so einfach wie genial: Fahrradfahren auf dem Wasser, Hausbooturlaub auf eine zugleich sportliche und ökologisch verantwortliche Art und Weise. Der Kapitän sitzt auf einem gepolsterten Sattel und tritt in die Pedale. Wohin die Flussfahrt gehen soll, liegt ganz im Ermessen oder vielleicht auch in der Muskelkapazität der Mannschaft. Bei der Tourplanung stehen die Vermieter mit Rat und Tat zur Seite. Ob es nur ins benachbarte Essen-Kettwig, bis zum Baldeneysee oder in nordwestliche Richtung gehen soll – bei der Schiffsübergabe erhält man Wasserkarten sowie ein illustriertes Guidebuch.

Ein Kapitänspatent oder einen Bootsführerschein braucht für diese Tour de Ruhr niemand. Machen die Beine schlapp, kann die Besatzung an einer beschaulichen Uferstelle der Ruhr den Anker werfen und gemütlich vor sich hin dümpeln. Sollte der Gegenwind einmal zu stark sein, steuern die von Solarzellen gespeisten Elektromotoren Schubkraft bei.

Das Tempo steht allerdings eindeutig nicht im Vordergrund dieses Abenteuers. Nicht ohne Grund tragen die Haustretboote den Namen »Escargot«, was »Schnecke« bedeutet. Wie es sich für eine Schnecke gehört, ist das »Haus« immer dabei. Es bietet neben Schlafplätzen für vier Erwachsene eine Bordtoilette, einen Esstisch, Stauraum sowie eine kleine Küche. Auf dem Spirituskocher kann der Smutje Nahrhaftes für alle Matrosen brutzeln.

Wer ein spannendes Wassererlebnis für eine größere Gruppe sucht, der wird bei der Grünen Flotte ebenfalls fündig: Eine Ruderpartie auf der Ruhr mit dem rustikalen Wikingerschiff »Müwi« ist ebenfalls ein unvergessliches Abenteuer.

Grüne Flotte · Hafenstraße 15 · 45478 Mülheim an der Ruhr
Tel. 0208-74049875 · www.gruene-flotte.de

Verwässertes Wissen

79

Im Musical »Hair« wurde schon 1968 das »Age of Aquarius« besungen – und dies, obwohl das »Wassermannzeitalter« zumindest in Mülheim an der Ruhr erst 1992 mit der Eröffnung des Aquarius Wassermuseums eingeläutet wurde. In dem stillgelegten Reservoir für Wasser ist seitdem ein Reservoir für das Wissen über Wasser eingerichtet.

Im Mittelpunkt steht nach wie vor das Wasser. Früher wurden damit Industriebetriebe gespeist und die Anwohner versorgt. Heute ist das Wasser aus dem markanten Wasserturm im Mülheimer Stadtteil Styrum verschwunden und doch allgegenwärtig. Der Turm, in dem früher bis zu 500 000 Liter Wasser gespeichert wurden, ist seit 1982 trocken gelegt. Doch noch immer dreht sich in dem 50 Meter hohen Backsteinbau alles um das kühle Nass. Allerdings werden damit heute keine Kehlen mehr benetzt. Stattdessen wird gezielt der Wissensdurst rund um das nasse Element gelöscht. Auf 14 Ebenen mit insgesamt 30 Themenbereichen lernt der Besucher im Aquarius Wassermuseum die Vielfältigkeit des Wassers mithilfe multimedialer Technik auf spielerische Weise kennen.

Errichtet wurde das Gebäude 1892 bis 1893 auf Initiative von August Thyssen. Der Großindustrielle hatte dabei natürlich keine museale Nutzung im Kopf, vielmehr diente der Wasserturm der Versorgung seiner Röhren- und Walzwerke sowie der Gemeinde Styrum. Mit Blick auf die Landesgartenschau »MüGa« im Jahr 1992 wurde der Turm aufwendig saniert und in eine ungewöhnliche Ausstellungsstätte mit verglasten Aufzügen umgewandelt.

Heute bietet das Aquarius als multimediales Museum einen spannenden, lehrreichen sowie unterhaltsamen Einstieg in die Welt des Wassers. Mithilfe einer Magnetkarte können Wissensdurstige zahlreiche Computersimulationen, Filme und Spiele starten und sogar versuchsweise die Wasserversorgung einer ganzen Region steuern.

Aquarius Wassermuseum · Burgstraße 70 · 45476 Mülheim an der Ruhr
Tel. 0208-4433390 · www.aquarius-wassermuseum.de

KLOSTERMUSEUM

lingua ⁊ chaldeorum testatur: que he
bree magna ex parte confinis est.
Nam ⁊ ipsi uiginti duo elementa
habent: eodem sono sed diuersis ca
racteribus. Samaritani etiam pen
Sed ⁊ psalmi tricesimus sextus. ⁊
centesimus decimus. ⁊ centesimus
undecimus. ⁊ centesimus octauus
decimus. ⁊ centesimus quadrage
simus quartus. quamquam diuer
so scribantur metro: tamen eidem
numeri texuntur alphabeto: et
iheremie lamentationes. ⁊ oratio
eius. salomonis quoque in fine pro
uerbia. ab eo loco in quo ait: muli
erem fortem quis inueniet eisdem
alphabetis uel incisionibus supputa
tur. Porro quinque littere duplices
apud hebreos sunt: caph. mem.

Kräutergarten und Klostermuseum

80

Vor über 800 Jahren wurde in Mülheim das Kloster Saarn als Frauenkonvent des Zisterzienserordens gegründet. Nach umfangreichen Restaurierungsmaßnahmen und archäologischen Ausgrabungen bildet das Kloster heute ein malerisches Kleinod und präsentiert im Klostermuseum die erstaunlichsten Fundstücke.

Der Stadtteil Saarn wird von den Mülheimern auch »Dorf Saarn« genannt. Besonders in der Weihnachtszeit bildet die historische Altstadt eine schöne Kulisse für den Einkaufsbummel. Der Nikolausmarkt ist über die Grenzen der Stadt hinweg bekannt. Eng verknüpft mit dem Stadtteil ist die Geschichte des Zisterzienserinnenklosters, das um das Jahr 1200 entstand.

Es bildet bis heute ein pittoreskes Ensemble historischer Gebäude rund um einen Klostergarten, dessen Zentrum der Kräutergarten bildet. Ein solcher war ein wichtiger Teil mittelalterlicher Klöster. Hier zog und zieht man Schöllkraut heran, das gegen Warzen eingesetzt wurde, sowie Koriander, der bei Magen-Darm-Beschwerden Linderung verschaffen kann, und Melisse zur Beruhigung des Nervenkostüms. Infoblätter und Seminare vermitteln, wie man Löwenzahngelee, Brennnesselgemüse und Wildkräutergerichte zubereitet.

Im Keller des Hauptgebäudes ist das Klostermuseum untergebracht. Durch die Gestaltung des Ausstellungsraumes und die Anordnung zu einem Rundgang sollen Besucher ein Verständnis für das Tun in einem Kloster in den verschiedenen Jahrhunderten erhalten. »Ora et labora« – »Beten und arbeiten« – war angesagt!

Das Kloster war zwar ein spiritueller Ort, aber eben auch ein großer Wirtschaftsbetrieb mit Vieh- und Landwirtschaft, Brauerei, Bäckerei, Schuster- und Schreibwerkstatt, Mühle, Perlendreherei und durch die Kräuterzucht auch einer Art Apotheke. Im Museumsshop kann man kuriose Mitbringsel wie Tinte aus Naturstoffen erwerben, das Klostercafé bietet himmlisches Backwerk.

Kloster Saarn · Klosterstraße 53 · 45481 Mülheim an der Ruhr
Tel. 0208-4689896 · www.museum-kloster-saarn.de

81 Das große Schlecken

Als größter Volkspark in Mühlheim erfreut sich der Witthausbusch seit 1900 wegen des weitläufigen Spielplatzes, der blökenden Schafe, jeder Menge hungriger Ziegen und anderer niedlicher Tiere im Tiergehege als Naherholungsgebiet größter Beliebtheit.

»Määh!«, »Kikeriki!«, »Schnatter-schnatter«, »Gack-gack!« – bereits vom Parkplatz aus kann kein Zweifel bestehen, in welcher Richtung sich das Tiergehege befindet. Schon von Weitem lassen einen die felligen und gefiederten Freunde wissen, dass sie hungrig sind und Gesellschaft wünschen. Nach ein paar Schritten sind die Gehege und Volieren der Bantam-Hühner, der Seidenhühner, der Zebrafinken, Meerschweinchen, Puten, Ziegen und Schafe erreicht. Für einen kleinen Unkostenbeitrag kann man an einem Automaten Wildfutter ziehen. Die hungrigen Geißen und Böcke schlecken den Kindern und Erwachsenen diesen Leckerbissen mit ihren rauen Zungen gierig von der Handfläche.

Um einen Blick auf die zahmen Damhirsche und Mufflons zu werfen, muss man ein paar Schritte bis zum Wildtiergehege weitergehen. Von den Spazierwegen aus lassen sie sich gut beobachten und auch füttern. Ein zusätzliches Highlight bilden immer im Frühjahr die frisch geborenen Kitze und Lämmer.

Die Grünanlage wartet aber auch noch mit anderen kleinen, feinen Hinguckern auf. So befindet sich am großen Spielplatzgelände ein Schnullerbaum. Hier baumeln in einer Buche Nuckel in allen Formen und Farben an bunten Bändern und sollen so den Kindern den Abschied von den geliebten »Beruhigungsmitteln« erleichtern.

Auf einer kleinen Wiese im Südwesten der Parkanlage schreiben im Frühjahr Dutzende von Schneeglöckchen das Wort »Frühling« in die Wiese. Thematisch bleibt es frühlingshaft: In der Nähe des Lohbachs steht ein Gedenkstein für den Dichter von »Alles neu macht der Mai«, Hermann Adam von Kamp, der 1867 in Mülheim verstarb.

Witthausbusch · Pettenkofer Straße · 45470 Mülheim an der Ruhr
www.muelheim-ruhr.de

DIESE BUCHE IST DER
MÜLHEIMER SCHNULLERBAUM
Er soll den Kleinkindern helfen,
die Trennung vom geliebtem „Nuckel" oder „Schnuller" besser zu verarbeiten.
Dabei soll der Baum als Tröster und Freund für's Leben dienen.
Die Schnuller werden zum Abschied mit bunten Bändern an den Baum gehängt.
Amt für Kinder, Jugend und Schule
DIE IDEE DES SCHNULLERBAUMS KOMMT AUS DÄNEMARK.
Auskunft: Amt für Kinder, Jugend und Schule
Schloßstraße 22, 45468 Mülheim an der Ruhr, Tel.: 02 08 / 455 45 34
Mülheim an der Ruhr
Stadt am Fluss
www.muelheim-ruhr.de

82 Spiegeloptik im Wasserturm

Der alte Broicher Wasserturm in Mülheim an der Ruhr beherbergt nicht nur die größte begehbare Camera Obscura der Welt, sondern auch eine einzigartige Ausstellung zur spannenden Vorgeschichte des Films.

Der großen Pflanzenpracht in der Umgebung gebührt Dank. Denn wäre Mülheim an der Ruhr nicht 1992 Gastgeber der Landesgartenschau, der MüGa, gewesen, wäre der 1904 errichtete Broicher Wasserturm vielleicht nicht so aufwendig restauriert worden. Heute beherbergt das 38 Meter hohe Backsteingemäuer mit der markanten runden Kuppel die größte begehbare Camera Obscura der Welt. Mittels einer speziellen Spiegeloptik wird hier auf einem Projektionstisch das 360-Grad-Panorama der Stadt gestochen scharf abgebildet.

Wo früher die Dampflokomotiven des ehemaligen Reichsbahnausbesserungswerk Speldorf mit dem notwendigen Wasser versorgt wurden, dreht sich heute alles um die Welt der Bilder. Neben der famosen Camera Obscura beherbergt der alte Wasserturm auf drei Ebenen das Museum zur Vorgeschichte des Films. Die einzigartige Ausstellung der Sammlung »S« des Wuppertalers KH. W. Steckelings lädt zu einer faszinierenden Reise durch die Welt der visuellen Wahrnehmung, optischen Täuschung und physikalischen Hintergründe bewegter Bilder ein.

Insgesamt 1139 Exponate umfasst die einzigartige Sammlung. Sie dokumentiert lückenlos, wie die Bilder laufen lernten. Viele für die heutige Zeit verblüffende Apparaturen lassen erahnen, mit welch enormem technischem Aufwand unsere Vorfahren versucht haben, Bewegung in die Bilder zu bekommen. Schattenspiele, Faltperspektiven, Transparenzen, Laternae Magicae, Kaleidoskope, Anamorphosen, Thaumatrope, Zoetrope, Phenakistiskope, Guckkästen und viele andere Schätze bilden den Kernbestand der Sammlung, die in Auszügen im Museum zur Vorgeschichte des Films zu sehen ist.

Camera Obscura · Am Schloss Broich 42 · 45479 Mülheim an der Ruhr
Tel. 0208-3022605 · www.camera-obscura-muelheim.de

OBSCURA

83

Planschen unterm Förderturm

Schon im Foyer wird klar: Dieses Freizeitbad weiß, dass es auf historischem Grund steht und bekennt Farbe in Form sehr weißer Bergmannskleidung: An der Decke baumeln Kleiderkörbe, sogenannte Kauenhaken, die an die Waschkaue der Kumpels erinnern. Glück auf im ersten Bergbau-Erlebnisbad der Welt!

Grubenpferd Bubi steht im Babybecken, schleppt Bergmannsutensilien in seinen Satteltaschen, speit Wasser und ist der Liebling der Schwimmflügelträger. Kohlewaggons, auch Hunde genannt, scheinen über die Häupter der Badegäste zu rumpeln, auch wenn sie tatsächlich fest installiert sind. Ein 18 Meter hoher Förderturm reicht bis zur Spitze der Glaskuppel. Er bildet das Haltegerüst für eine Rutsche, die eineinhalb Meter über der Wasseroberfläche die quietschenden Jugendlichen ausspuckt.

Wer es ruhiger mag, ist in der dahinter liegenden Wasser-Erlebnis-Landschaft besser aufgehoben. Neben einem Flöz-Nachbau kann man sich im Strömungskanal treiben lassen oder sich im rot beleuchteten, an glühende Kohle erinnernden Whirlpool einheizen lassen.

Wenn einem die Kumpel-Romantik zu viel wird, schwimmt man einfach ins Freie. Draußen dampft an kühlen Tagen das warme Wasser des beheizten Außenbeckens so sehr, dass das unweit stehende Gasometer nur schemenhaft zu erahnen ist.

Auch Sportler kommen auf ihre Kosten: In der »Malocherhalle« lädt das Aktionsbecken zu Aquafitness und anderen Aktivitäten ein. Wer den Adrenalinkick sucht, ist mit einer der drei Wasserrutschen gut bedient. Die Black-Hole-Rutsche ist 105 Meter lang und nur etwas für Hartgesottene. Gemächlicher geht es auf der Reifenrutsche zu.

»Sie kommen als Gast und gehen als Kumpel« prangt in großen Lettern über der »Kantine«, dem Snack-Kiosk. Auch wenn es hier die üblichen Freizeitpark-Snacks wie Pommes und Currywurst gibt, stehen daneben die Rezepte für deftige Eintöpfe, die Lieblingsgerichte der Kumpel.

AQUApark Oberhausen · Heinz-Schleußer-Straße1 · 46047 Oberhausen
Tel. 0208-6253590 · www.aquapark-oberhausen.com

84 Geschichtsstunde im Bahnhof

Bahnhöfe stehen für ständiges Kommen und Gehen. Da liegt die Idee nahe, einen stillgelegten Bahnsteig in ein Museum zu verwandeln, das den Wandel der Umgebung dokumentiert und künstlerisch kommentiert. Am Oberhausener Museumsbahnsteig werden Wartepausen zu einer kleinen Reise in die Vergangenheit.

Beim Rundgang über den Museumsbahnsteig entdeckt man spannende Installationen des Künstlerateliers Stark. Historische Objekte werden hier mit modernen Elementen kombiniert. Bereits der Treppenaufgang zu Gleis 4 und 5 wartet mit einer künstlerischen Neuinterpretation auf: Auf die Stufen sind überdimensionale Zahnräder gemalt, die den Zusammenhang von Schwerindustrie und Eisenbahn symbolisieren.

Höhepunkt des Rundgangs ist ein historischer Güterzug, der besonders bei Dunkelheit durch geschickt eingesetzte Lichtakzente zur Geltung kommt. Als Anhänger verfügt der Zug über eine Torpedo- sowie eine Schlackepfanne. Erstere diente dazu, die Temperatur des flüssigen Roheisens bei Reisen konstant zu halten. Die Schlackenpfanne transportierte Schlacke zu Sammelstellen – zumeist Halden, auf denen das Abfallprodukt sich in die Höhe türmte.

Jeweils am Ende der Bahnsteige stößt man auf ein besonders künstlerisches Arrangement: Auf meterhohen verrosteten Gießpfannen stehen Skulpturen – im Süden ein Mann im blauen Anzug, im Norden eine Dame im gelben Kleid –, die ihre erhöhte Position als Aussichtspunkt genießen.

Besucher können auf einer »Zeitinsel« in Form einer Bank Platz nehmen und das historische Panorama auf sich wirken lassen. Bei genauem Hinsehen entdeckt man, dass das damalige wirtschaftliche Herz der Stadt dort schlug, wo heute die Neue Mitte Oberhausen zu finden ist. Direkt neben der Bank steht eine bei Nacht illuminierte Kokille. Diese diente einst zur Stahlabkühlung und wurde von den Machern des Museumsbahnsteiges in ein Glasbett gelegt, das an Eis erinnert.

Museumsbahnsteig am Hauptbahnhof · Willy-Brandt-Platz · 46045 Oberhausen
Tel. 02234-9921555 (kulturinfo rheinland) · www.industriemuseum.lvr.de

Abfahrt
Rheinisches
Industriemuseum
Gleis
5
MUSEUMSBAHNSTEIG
LVR
KRONE
zu den Zügen
ReiseZentrum

159

TOP
SECRET
Die geheime Welt der Spionage

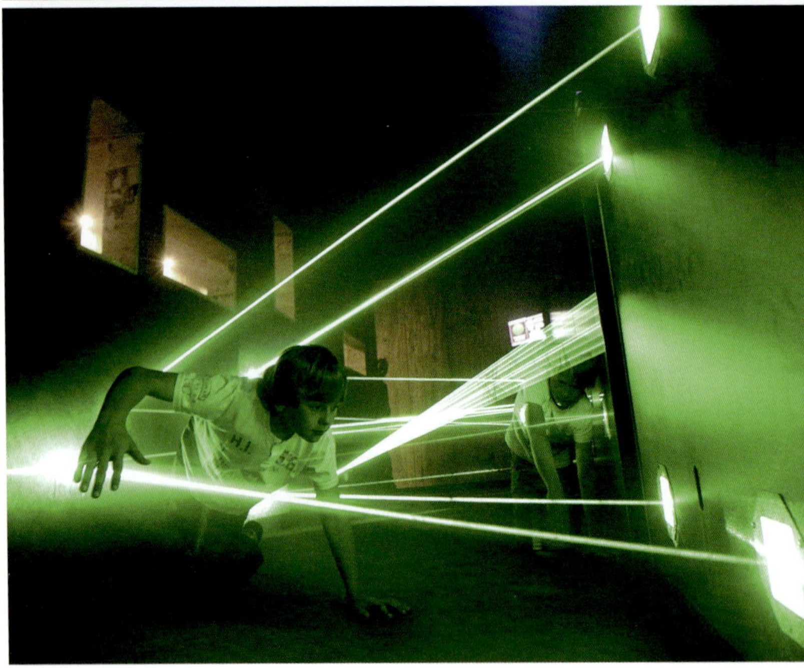

Schnüffeln von KGB bis Bond

85

Pst! Absolut geheime Geheimsache – und doch ganz öffentlich zugänglich: Seit 2012 beleuchtet in Oberhausen eine Spionage-Erlebnisausstellung die Welt der Geheimagenten – und dies sowohl im echten Leben als auch auf der Kinoleinwand.

Dank der James-Bond-Filme haben viele ein Bild vom idealtypischen Geheimagenten. Dieser muss schlagfertig sein – gleichermaßen mit Worten und Fäusten. Wichtiger noch, und das hat 007 mit der Realität gemeinsam: Der Spion benötigt Geduld und Glück, profundes Wissen und eine besondere technische Ausstattung. Dabei ist vieles von dem, womit Ian Flemings Filmheld ausgestattet ist, gar nicht so weit weg von der Realität, wie die Ausstellung »TOP SECRET – Die geheime Welt der Spionage« in Oberhausen zeigt.

Auf rund 2000 Quadratmetern präsentiert die ebenso unterhaltsame wie lehrreiche und verblüffende Sammlung Wissenswertes von den technologischen Errungenschaften der Geheimdienste bis hin zu den Mythen und Legenden um Meisterspione und deren Organisationen. 18 Themenbereiche spannen dabei einen Bogen vom Ersten Weltkrieg bis hin zur heutigen Daten- und Wirtschaftsspionage.

Viele der mehr als 2000 Exponate zeichnet dabei gleichermaßen etwas Erschreckendes wie Faszinierendes aus. Ob das nur 38 Kilogramm schwere Einmann-Mini-U-Boot des berüchtigten russischen Geheimdienstes KGB, das handliche Überlebensset mit Schlauchboot oder schießende Kirchenschlüssel, Bohrmaschinen, Regenschirme, Kugelschreiber und Babyfläschchen – sie alle führen einem die oft wenig zimperlichen Methoden der Geheimdienste vor Augen. Ebenso wie die in Erdnüssen und Lippenstiften eingebauten Messer, Giftpfeile im Korken von Sektflaschen oder die Abhör- und Durchleuchtungstechnik von Häusern, wie sie in der ehemaligen DDR eingesetzt wurde. Auch ein Blick auf verschiedene Geheimdienste oder den Einsatz von Tieren zu Spionagezwecken fehlt nicht.

TOP SECRET – Die geheime Welt der Spionage · Zum Aquarium 2 · 46047 Oberhausen
Tel. 0208-62039111 · www.spionage.de

86 Pinguine im Ruhrgebietsmeer

Von den Gebirgsquellen des Rheins bis in die Nordsee, durch den Amazonas bis hin zu den Tiefen des Ozeans und zum Südpol erstreckt sich die Reise durch die von vielen Tieren belebte Unterwasserwelt des SEA LIFE Abenteuer Park in Oberhausen.

Stolze 1,5 Millionen Liter Wasser fasst allein das große tropische Riff, das durch einen zehn Meter langen, begehbaren Tunnel aus Acrylglas durchschnitten wird. Gemächlich ziehen hier Haie, Rochen und Meeresschildkröten ihre Bahnen und lassen sich aus nächster Nähe in Augenschein nehmen. Nur einen Steinwurf entfernt zogen im Frühjahr 2013 die neuen, eleganten Nachbarn ein. Jeder von ihnen trägt einen schwarzen Frack, der sie aber nicht davon abhält, ins Wasser zu hüpfen und herumzutollen. Die 15 Pinguine sind die neuen gefiederten Stars in Oberhausen und laden zu einer kleinen Expedition zum Südpol ein.

Die faszinierende wie lehrreiche Reise durch die Unterwasserwelt beginnt an den Quellen des Rheins und folgt dem Lauf des Wassers bis zur Nordsee. Im Außenbereich begegnet der Besucher einer Otterfamilie, bevor der Weg wieder zurück in die Tiefen des tropischen Ozeans und zu den Weiten des geheimnisvollen Amazonas führt.

Zu sehen gibt es Meeresbewohner aus über 130 Arten – von Muscheln, Seepferdchen und Quallen über Muränen, Zitteraale, Fetzen-, Clown- und Feuerfische bis hin zu Piranhas, japanischen Riesenkrabben, Sägefischen und Palmendieben.

Auf 4000 Quadratmetern Ausstellungsfläche mit insgesamt zwei Millionen Litern Wasser in 50 Becken kommt auch der Spaß nicht zu kurz. Ob bei einer Fahrt mit der Wildwasserbahn oder mit dem Glasbodenboot – die Unterwasserwelt wird aus verschiedenen Perspektiven erschlossen. Gleichzeitig geht es auch darum, bei den Besuchern die Sensibilität für die Zerbrechlichkeit der bedrohten Ökosysteme von Flüssen und Meeren zu wecken.

SEA LIFE Abenteuer Park · Zum Aquarium 1 · 46047 Oberhausen
Tel. 0208-44488444 · www.sealifeabenteuerpark.de

87 Gebunkerte Geschichte(n)

Ein Stück bedrückender Zeitgeschichte befindet sich, konserviert zwischen dicken Mauern, im sogenannten Knappenbunker von Oberhausen, in dem im Zweiten Weltkrieg 2000 Menschen Zuflucht und Schutz vor den Bomben fanden. Heute werden hier Wechsel- und Dauerausstellungen zu diesem Thema präsentiert

Größer könnte der Gegensatz kaum sein: Unweit des Einkaufs- und Vergnügungstempels CentrO ist im historischen Knappenviertel im Osten von Oberhausen das Bunkermuseum zu finden. 2011 wurde im Knappenbunker unter dem Titel »HeimatFront – Vom Blitzkrieg in Europa zum Luftkrieg an der Ruhr« eine Dauerausstellung eröffnet, die den Luftkrieg über dem Ruhrgebiet in einen Kontext mit dem nationalsozialistischen Vernichtungskrieg in Europa setzt.

Besucher lernen verstehen, dass es mit Beginn des Zweiten Weltkrieges die Unterscheidung zwischen (sicherer) Heimat und (umkämpfter) Front so nicht mehr gab. Die gezielten Luftangriffe waren eine Reaktion auf den Blitzkrieg gegen Polen im Jahr 1939 sowie die Besetzung und Ausbeutung weiterer Nachbarländer.

Dass Oberhausen als Industrie- und vor allem Rüstungsstandort besonders betroffen war, wird anschaulich erläutert. Eine Ebene dieses ehemaligen Luftschutzbunkers aus dem Zweiten Weltkrieg ist mit ihren Zellen, Sanitär-, Eingangs-, Technik- und Flurräumen weitgehend unverändert erhalten geblieben. Die 110 Zentimeter dicken Wände und die räumliche Enge geben einen Eindruck davon, welch bedrückende Zustände dort geherrscht haben, während über 400 000 Bomben auf Oberhausen abgeworfen wurden. Heute bietet der geschichtsträchtige Flecken, der zum Bürgerzentrum »Alte Heid« umgebaut wurde, Raum für Wechselausstellungen und Kunstprojekte, aber vor allem für eine Auseinandersetzung mit einem düsteren Kapitel der deutschen Geschichte.

Bunkermuseum Oberhausen · Bürgerzentrum Alte Heid · Alte Heid 13 · 46047 Oberhausen
Tel. 0208-60705310 · www.bunkermuseum-oberhausen.de

Im Klötzchen-Wunderland

Den Machern und Zigtausenden von Kindern fiel ein Stein vom Herzen, als im März 2013 in Oberhausen ein Legoland Discovery Centre eröffnet wurde. Neben wahren Kunstwerken aus den bunten Plastiksteinen, die hier präsentiert werden, steht das Ausprobieren und Ausleben der eigenen Fantasie klar im Vordergrund.

Zwischen 1971 und 1974 wurde das Dortmunder Westfalenstadion als Arena für die Fußball-Weltmeisterschaft 1974 in Deutschland hochgezogen. Im Laufe der Jahre wurde die Heimspielstätte von Borussia Dortmund mehrfach umgebaut bis zur heutigen Kapazität von 80 645 Plätzen. In Oberhausen entstand der Nachbau der Kultarena in gerade einmal 18 Tagen. Was daran liegt, dass im neuen Legoland Discovery Centre im wahrsten Sinne des Wortes reingeklotzt wurde – und zwar mit den bekannt bunten Lego-Klötzchen.

Ganz ohne Stahl, Holz und Beton wurde das Dortmunder Stadion detailgetreu aus 28 500 Lego-Steinen nachgebaut. Und die 150 Kilogramm schwere Arena ist in guter Gesellschaft. Denn im »Mini-Land« finden sich weitere Landmarken des Ruhrgebiets wie das Oberhausener Gasometer oder Teile des Duisburger Hafens. Auch eine lebensgroße Harry-Potter-Figur versprüht den Zauber der kleinen Klötzchen.

Natürlich bleibt es hier nicht nur beim Gucken. Die vornehmlich kleinen Besucher sind aufgefordert, ihrer Fantasie freien Lauf zu lassen und aus den rund vier Millionen zur Verfügung stehenden Steinchen eigene Lego-Kunstwerke zu bauen. Dazu gehört auch die Entwicklung kleiner Rennflitzer, die dann auf der speziellen Teststrecke einem echten Belastungstest unterzogen werden. Und im 4-D-Kino geht es so lebensecht zu, dass es schon mal ein wenig auf die Zuschauer regnet. Zudem können die etwas größeren Kleinen als Ritter in einer Drachengondel auf große Abenteuerfahrt gehen und mit einer Laserpistole eine Prinzessin befreien. Auch Klettergerüste und Kletterwände fehlen in dem steinigen Vergnügungspark nicht.

Legoland Discovery Centre Oberhausen · Promenade 10 · 46047 Oberhausen
www.legolanddiscoverycentre.de/Oberhausen

89 Faszination ostkirchlicher Kunst

Das Wort »Ikone« stammt aus dem Griechischen und steht für »Bild« und »Abbild«. Die geweihten Bilder haben in den Ostkirchen eine große Bedeutung. Ihr Ziel ist es, Ehrfurcht zu erwecken. Auch wenn man nicht diesen Kirchen angehört, wird man beim Anblick der reich verzierten Meisterstücke im Recklinghäuser Ikonen-Museum Bewunderung empfinden.

Die spätromanische Propsteikirche St. Peter gilt als eine der schönsten westfälischen Hallenkirchen. Zu ihren größten Schätzen gehören ein mehr als 600 Jahre altes Sakramentshäuschen und ein barocker Hochaltar mit Bildern aus der Rubens-Werkstatt. Nur wenige Schritte von dem imposanten Gotteshaus entfernt, eröffnet sich im Ikonen-Museum der Blick auf eine ganz andere Art kirchlicher Kunst. Ein Kontrast, der förmlich zum Vergleich einlädt– steht das Museum doch im Ruf, die bedeutendste Sammlung ostkirchlicher Kunst außerhalb der orthodoxen Länder zu besitzen.

Das 1956 ins Leben gerufene Museum präsentiert auf drei Etagen über 3000 Exponate. Neben Ikonen sind auch kunstvolle Stickereien, russische und griechische Metall- und Holzarbeiten, Holzschnitzereien sowie rumänische Hinterglas-Ikonen zu sehen. Zu den herausragenden Exponaten zählen eine Ikone der »Gottesmutter von Vladimir« aus dem 15. Jahrhundert, Ikonen der Stiftung Idelberger sowie ausgewählte Metall-Ikonen und -Kreuze eines ca. 2000 Stücke umfassenden Nachlasses, den das Museum unlängst erhielt. Bei der Präsentation der Kunstwerke wird besonderer Wert auf die Erläuterung der von den Kultbildern vermittelten Glaubensinhalte gelegt. Jedes Bild ist hierarchisch komponiert und fordert zur unmittelbaren Vergegenwärtigung der Heiligen auf.

Die Abteilung für koptische Kunst arbeitet den Übergang von der heidnischen Spätantike zum frühen Christentum auf. Sie dokumentiert die Vielfalt der Kunst in Ägypten, beginnend im 1. Jahrhundert bis ins frühe Mittelalter.

Ikonen-Museum · Kirchplatz 2a · 45657 Recklinghausen
Tel. 02361-501941 · www.ikonen-museum.com und www.kunst-re.de

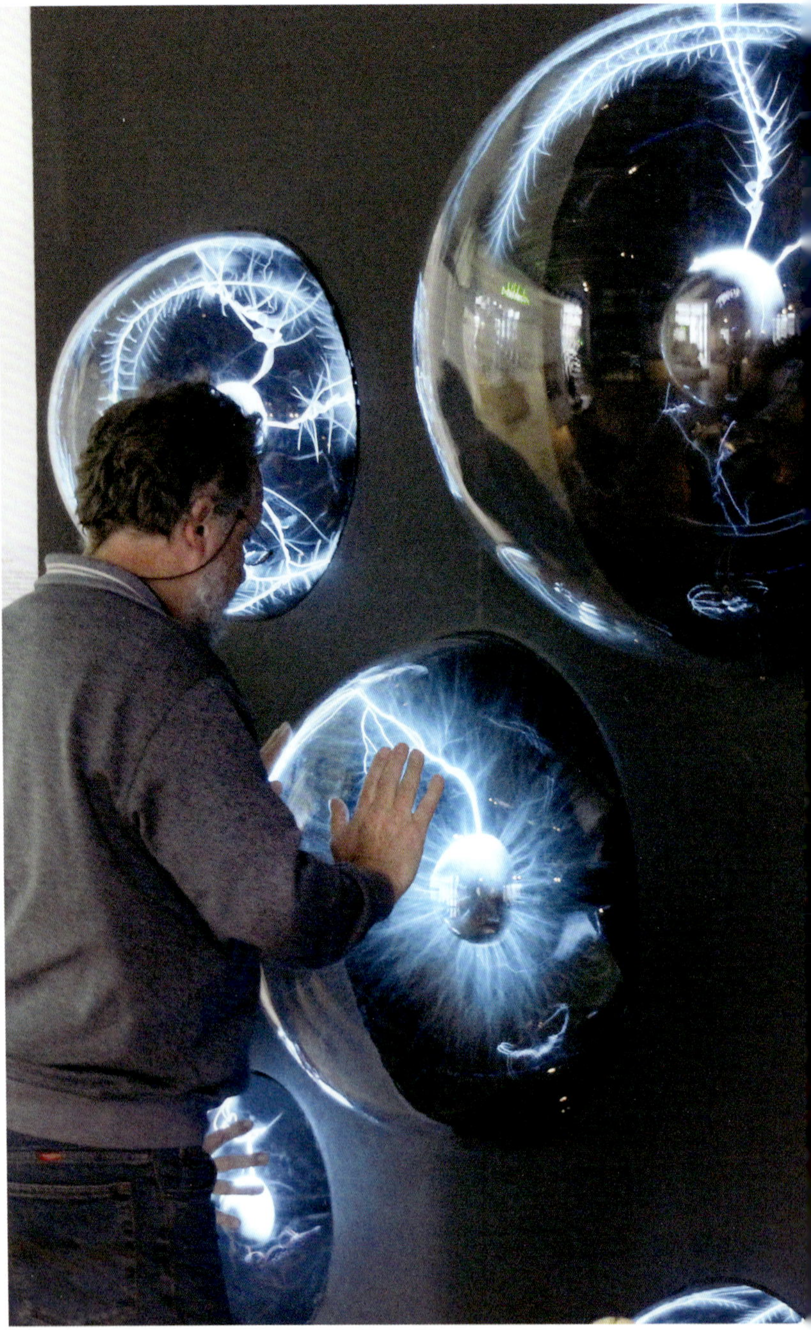

90

Rumstromern

Strom kommt aus der Steckdose wie die Milch aus dem Supermarkt, meinen Ihre Kinder? Dann aber nichts wie auf zum Umspannwerk nach Recklinghausen. Hier werden die großen und kleinen Besucher unterhaltsam über die mehr als 100-jährige Geschichte der Stromerzeugung und -anwendung aufgeklärt.

Die 2000 Quadratmeter große Ausstellungsfläche des Umspannwerks ist als spannender und aktiver Rundgang durch die Geschichte der Elektrifizierung angelegt. Welche Vorraussetzungen gibt es, damit Mikrowelle und Fernseher, aber auch Fabrikmaschinen gleichbleibend funktionieren? Woher kommt der Begriff »Volt«?

Am Anfang des Rundgangs steht mit blitzenden Kugeln eine spielerische Einführung in das Phänomen Strom an, danach verdeutlichen eine Dampfmaschine und eine Wasserturbine Möglichkeiten der Stromerzeugung. Des Weiteren kann man eine alte Straßenbahn besteigen und durch ihren gläsernen Boden Einblicke in ihre Arbeitsweise gewinnen.

Auch in den aktiven Teil der Umspannanlage kann der Besucher schauen. Wer sich für Elektroautos interessiert, kann durch einen kleinen Fuhrpark schlendern, im Obergeschoss streift man vorbei an Telefongeräten aus verschiedenen Jahrzehnten und einem historischen Frisörsalon, dessen Haartrockner an Foltergeräte erinnern. Schließlich landet man in einem Kino mit alten Klappstühlen, in dem Schwarz-Weiß-Filme aus den Kindertagen des Fernsehens laufen. Alle haben mehr oder weniger direkten Bezug zur Stromnutzung, und nicht selten muss man über die Technikgläubigkeit unserer Vorfahren lächeln.

Große und kleine Besucher können abschließend bei klassischen Spielen aus der Anfangszeit des Computers ihren Spieltrieb auslassen. Gegenüber den Pac-Man-Konsolen hängen alte Werbeplakate aus der Anfangszeit der Elektrifizierung. »Mutter hat jetzt Zeit für uns, denn sie kocht elektrisch«, heißt es dort auf einer Reklame aus den frühen 1960er-Jahren.

Umspannwerk · Uferstraße 2–4 · 45663 Recklinghausen
Tel. 02361-9842216 · www.umspannwerk-recklinghausen.de

91 Parcours für Hobby-Vettels

Frauen sind in diesem Center eher selten anzutreffen – wenn, dann meist als Begleitung. Männer von vier bis 80 Jahren leben hier ihr Rennfieber aus. Mit schnellen Carrera-Flitzern drehen sie im Caracho Modellrennbahn Center in Recklinghausen im Stil berühmter Rennfahrer ihre Runden.

Ein roter VW-Käfer liefert sich ein packendes Kopf-an-Kopf-Rennen mit einem grün-gelben Boliden. Ein, zwei Kurven lang sind beide gleichauf. Doch nach einer fast 180-Grad-Kehre wirft es den Volkswagen aus der Bahn. Der Fahrer des Boliden grinst. Doch unmittelbar nach der langen Geraden erwischt es auch ihn – noch dazu direkt vor der Haupttribüne an der Ziellinie. Ein kurzer Schubser mit einem speziellen Verlängerungsstab, und schon nimmt der Rennflitzer wieder Runde um Runde mit Vollgas die Verfolgung auf. An der Längsseite der Bahn stehen die sechs Piloten mit ihren Fahrreglern in der Hand, einer Art Fernsteuerung mit Stromkabel, die Augen immer auf das eigene Gefährt und die Strecke gerichtet. Dieses Szenario ist im Caracho Modellrennbahn Center in Recklinghausen an der Tagesordnung.

Unter dem gut 400 Quadratmeter großen Hallendach stehen den Nachwuchs-Vettels und Hobby-Schumachers drei fast 40 Meter lange Rennstrecken zur Verfügung. Die von Inhaber Thomas Scholz konzipierten Rundkurse haben sechs beziehungsweise acht parallele Spuren, sodass hier zeitgleich bis zu 24 Fahrer mit Carrera-Fahrzeugen ihre Rennsportfaszination ausleben. Dabei können sie auf ihren eigenen Autos und Fahrregler zurückgreifen oder welche vor Ort leihen.

Ganzjährig werden auch verschiedene Rennserien und Meisterschaften ausgefahren, bei denen man sich mit anderen Hobbyfahrern messen kann. Doch auch wer nur zum Spaß ein paar Runden drehen möchte, ist hier willkommen. 30 Minuten im Kreis zu flitzen, kostet gerade einmal 2,50 Euro, wobei jede einzelne Spur minutengenau abgerechnet wird.

Caracho Modellrennbahn Center · Herner Straße 97–99 · 45659 Recklinghausen
Tel. 02361-21061 · www.carachocenter.de

Continental

elf
REPSOL

Dmf

50 3610-8

92

Planmäßig unter Dampf

Sie dampft, schnauft und zischt – die nostalgische RuhrtalBahn, die zwischen Bochum-Dahlhausen und Hagen als einziger Museumzug in Deutschland fahrplanmäßig verkehrt. Zum Einsatz kommen ein historischer Dampfzug oder ein liebevoll restaurierter Schienenbus.

Die schwarze Lok lässt bei ihrer Fahrt durch das Ruhrtal mächtig Dampf ab – fast so, als wäre ihr die Hin-und-her-Fahrerei zwischen Bochum und Hagen ein wenig lästig. Dabei kann sich die Dampflok der preußischen Baureihe P8 wie ein kleiner Star fühlen. Zwar hat sie schon einige Jahrzehnte auf dem Buckel und kennt jeden Schienenkilometer entlang der Ruhr wie ihre Westentasche, doch wo immer sie langfährt oder stoppt, zieht sie Blicke auf sich wie ein Filmsternchen. Hätte die RuhrtalBahn seit ihrer Gründung 2005 für jedes Foto, das Eisenbahnenthusiasten von der P8 geschossen haben, einen Euro kassiert, hätte das Unternehmen wohl für alle Zeiten ausgesorgt.

Während der Museumszug in der Saison von April bis Oktober nur an jedem ersten Sonntag im Monat verkehrt, wird die Strecke freitags bis sonntags sowie an Feiertagen fahrplanmäßig von einem nostalgischen Schienenbus bedient. Auf ihrer 36 Kilometer langen Strecke vom Eisenbahnmuseum in Dahlhausen über Hattingen, Witten und Wengern nach Hagen folgen die Schienenrösser im Wesentlichen der bereits 1874 von der Bergisch-Märkischen Eisenbahngesellschaft angelegten Route durch das Ruhrtal. Sie passieren die Hattinger Altstadt, die Henrichshütte, Burg Blankenstein, Haus Kemnade, den Kemnader See, Haus Herbede, die Ruine Hardenstein, das Muttental sowie die Zechen Nachtigall und Theresia. Verträumte Burgruinen, stattliche Herrensitze und Gehöfte, Fachwerkidylle in Hülle und Fülle, zahlreiche Zeugen der frühen Industrialisierung, alte Tauwehre, Schleusen und Leinpfade, weite Auen und Feuchtwiesen bilden die Kulisse für das Stück gelebte Eisenbahnnostalgie.

RuhrtalBahn · Honigsberger Straße 26 · 45472 Mülheim an der Ruhr
Tel. 0208-309983010 · www.ruhrtalbahn.de

93 Immer an der Ruhr lang

Der stolze 230 Kilometer lange Ruhrtalradweg erfreut sich bei Einheimischen wie bei Urlaubern großer Beliebtheit. Sein besonderer Charme liegt ohne Zweifel in der gelungenen Kombination aus Natur und Kultur. Die Streckenführung ist so einfach wie schön: Es geht immer am namengebenden Fluss entlang.

Wer sich nicht gleich die ganze Strecke von Winterberg bis Duisburg zumuten möchte, der ist zunächst mit der Tagesetappe zwischen Essen-Steele und Werden gut beraten. Es gibt keine nennenswerten Steigungen, sodass die Tour auch für wenig geübte Radler attraktiv ist. Kühe weiden am Ufer, Gänsefamilien queren watschelnd den Weg, es geht am Baldeneysee entlang – kurz: Dieser Abschnitt ist an Idylle kaum zu übertreffen. Auch mangelt es nicht an Einkehrmöglichkeiten, um die durstige Radlerkehle zu benetzen.

Wählt man als Startpunkt Essen-Steele und steigt beim Ruderclub auf den Ruhrtalradweg ein, erreicht man bald die erste Pausenstation, die »Finca BarCelona«. Gleich danach biegt man links ab und muss einen kurzen Anstieg meistern. Nachdem eine vierspurige Straße überquert ist, vernimmt man nur noch das Surren der Reifen auf dem Asphalt.

Mit der »Roten Mühle« bietet sich eine weitere attraktive Einkehrmöglichkeit direkt an der Strecke. Weiter geht es Richtung Kupferdreh und Baldeneysee. Im netten Restaurant »Lukas« gibt's knackig frische Salate, gekühltes Radler und riesige Kuchenstücke, um verbrauchte Energien wieder aufzufüllen. Zudem kann man hier das Mineralienmuseum besichtigen oder ein Stück mit der historischen Hespertalbahn fahren.

Werden mit seinen verwinkelten Altstadtgässchen ist der nächste attraktive Zielort. Die gute Anbindung an den ÖPNV sorgt dafür, dass man die gleiche Strecke nicht unbedingt zurückfahren muss, wenn die Beine müde sind oder Petrus die Himmelsschleusen öffnet. So gibt es in Steele und Werden jeweils einen S-Bahn-Anschluss.

Ruhr Tourismus GmbH · Centroallee 261 · 46047 Oberhausen
Tel. 01805-161620 (gebührenpflichtig) · www.ruhrtalradweg.de

94

Schwitzen im Pott

Einer der meistzitierten Vorteile des Ruhrgebiets, mit dem man auch bei Skeptikern stets punkten kann, ist die Tatsache, dass alle Städte nah beieinander liegen. Man profitiert vom Kulturangebot der Nachbarstädte und auch von der großen Auswahl an Wellness-Oasen. Der Ruhrpott ist sozusagen eine Saunalandschaft!

Im Gelsenkirchener Gesundheitspark Nienhausen werden erschöpfte Zeitgenossen in der Waldsauna auch schon mal durch Hiebe mit eingeweichten Birkenzweigen wieder auf Trab gebracht – auf eigenen Wunsch versteht sich! Aber auch jeder, der es lieber ruhig angehen lässt, findet hier in einer der elf Saunen das Richtige. Nach dem Schwitzen folgt das Relaxen, und dafür stehen mit dem Salinarium, dem Kaminzimmer und dem Palmengarten gleich drei unterschiedliche Ruhezonen zur Verfügung.

Richtig exotisch geht es im Gevelsberger Africana zu. Schließlich dürften die wenigsten schon einmal von einer Massaisauna, einer Kalahari- oder Wadisauna gehört haben.

Tief im Osten des Potts, in Hamm, wartet die Erlebnistherme Maximare mit sieben Saunen auf. Ob man sich in der Sinnessauna, der Salz- oder Erdsauna am wohlsten fühlt, muss jeder für sich entscheiden. Wer die Fegefeuersauna mit dem Höllenaufguss überlebt hat, kann in der Solegrotte oder dem 33 Grad warmen Außen-Solebecken das göttliche Dasein genießen.

Richtig dufte ist die Niederrhein-Therme Duisburg. Schon bei der Wahl zwischen den 16 verschiedenen Saunen kommt so manch einer ins Schwitzen: Soll man in der Kräutersauna mit Lavendel- und Pfefferminzduft starten oder doch gleich ins verheißungsvolle irisch-römische Dampfbad abdampfen?

Gesundheitspark Nienhausen · Feldmarkstraße 201 · 45883 Gelsenkirchen
Tel. 0209-941310 · www.revierpark-nienhausen.de
Africana · Ochsenkamp 54 · 58285 Gevelsberg · Tel. 02332-66380 · www.schwimm-in-gevelsberg.de
Maximare · Jürgen-Graef-Allee 2 · 59065 Hamm · Tel. 02381-8780 · www.maximare.com
Niederrhein-Therme · Wehofer Straße 42 · 47169 Duisburg
Tel. 0203-9958412 · www.niederrhein-therme.de

95 Künstlerische Erleuchtung

In den labyrinthartigen Kellergängen der ehemaligen Lindenbrauerei werden seit den 1960er-Jahren Lichtobjekte aus der ganzen Welt in Szene gesetzt. Wie gut, dass sich nach Schließung der Brauerei engagierte Bürger gegen den Abriss der Gebäude durchsetzen konnten.

Wo dereinst Bier gebraut wurde, können heute auf 2400 Quadratmetern Werke von Künstlern wie Mischa Kuball, Mario Merz, Joseph Kosuth, Olafur Eliasson und Keith Sonnier in unterirdischen Gängen, ehemaligen Kühlräumen und Gärbecken bestaunt werden.

Die seit Anfang 2009 im Zentrum für Internationale Lichtkunst installierte Camera Obscura von James Turell ist der heimliche Star der Ausstellung. Sein Kunstwerk »Third Breath« besteht aus zwei übereinanderliegenden Räumen. Der erste Teil, den er »Camera Obscura Space« nennt,

spiegelt auf einer auf Hochglanz polierten Marmorplatte den Himmel. Im zweiten Teil, dem »Sky Space«, kann der Himmel direkt durch eine Öffnung in der Decke beobachtet werden. Hört sich unspektakulär an, ist aber vor allem bei regen Wolkenbewegungen mehr als genial. Besonders das Zusammenspiel von Lichtinstallationen und Kunstwerken verleiht diesem dem Licht gewidmeten Raum seine besondere Atmosphäre.

Das Zentrum für Internationale Lichtkunst ist übrigens weltweit das einzige Museum, das sich ausschließlich der Lichtkunst und damit den Themen Hell und Dunkel, Schatten und Spiegelung widmet. Und so versteht es sich quasi von selbst, dass auch der alte Kamin der Lindenbrauerei als Leuchtfeuer verziert ist. Mario Merz setzt hier die Fibonacci-Zahlenreihe ins Licht und erinnert den Betrachter somit an die natürliche Vermehrung. Bekannt ist die Fibonacci-Folge aus Dan Browns Bestseller »Sakrileg«. Das Rätsel dieser Zahlenreihe ist eigentlich einfach zu lösen: Die Zahlen werden von unten nach oben höher, sie ergeben sich dabei jeweils aus der Addition der beiden Ziffern darunter.

Zentrum für Internationale Lichtkunst · Lindenplatz 1 · 59423 Unna
Tel. 02303-103770 · www.lichtkunst-unna.de

96 Schiffe in der Badewanne

Die Technik war revolutionär, die Anlage ein architektonisches Meisterwerk. Heute ist das Schiffshebewerk Henrichenburg nicht nur die größte Konstruktion am Dortmund-Ems-Kanal, sondern fraglos auch eine der bedeutendsten historischen Wahrzeichen der Ingenieurbaukunst in ganz Deutschland.

Ein wenig wie ein gestrandetes Raumschiff aus der Vergangenheit wirkt das Schiffshebewerk in Waltrop – doch das monumentale Bauwerk war lange Jahre Impulsgeber und Stolz einer ganzen Region. Nach rund siebenjähriger Bauzeit wurde das beeindruckende Stahlmonstrum am Dortmund-Ems-Kanal 1899 von Wilhelm II., dem letzten deutschen Kaiser, höchstpersönlich eingeweiht. Auch nach seiner Stilllegung im Jahr 1969 hat das technische Wunderwerk nichts an Faszination eingebüßt.

Bei der Inbetriebnahme wurde im Waltroper Stadtteil Oberwiese Industriegeschichte geschrieben. Denn das hier errichtete, weltweit erste Mehrschwimmer-Hebewerk half bis zu 750 Tonnen schweren Schiffen, die 14 Meter hohe Staustufe zu überwinden. Damit war die Kapazität fast doppelt so groß wie bei den Senkrecht-Hebewerken, wie es sie zu jener Zeit etwa in England, Frankreich und Belgien gab. Der an eine gigantische Badewanne erinnernde Trog bot 67 Meter langen Schiffen Platz.

1962 wurde einen Steinwurf entfernt ein neues, größeres Hebewerk gebaut. Etwas nördlich befinden sich zudem zwei weitere Schleusen. Die Neubauten passten sich den gestiegenen Anforderungen auf den Wasserwegen an, denn die Schiffe wurden immer größer.

Noch heute beeindruckt das historische Schiffshebewerk, das seit 1992 als Museum fungiert, durch eine gelungene Mischung aus Funktionalität und neobarocker Gestaltung. Im Vorhafen liegt eine Sammlung schwimmender Arbeitsgeräte und historischer Schiffe vor Anker. Vom Museumskai aus legt das Passagierschiff »Henrichenburg« zu Besichtigungstouren ab.

LWL-Industriemuseum Schiffshebewerk Henrichenburg · Am Hebewerk 2 · 45731 Waltrop
Tel. 02363-97070 · www.lwl.org

Manufactum
Manufactum
Warenhaus

97

Warenwunderland

Es gibt sie noch, die richtig guten handgefertigten Dinge, die mit Herz und Verstand hergestellt werden und die nicht nach einprogrammierter Halbwertzeit den Dienst versagen. Kaufen kann man sie im Manufactum-Warenhaus in den malerischen, ehrwürdigen Backsteingebäuden der Zeche Waltrop.

Die Manufactum-Macher waren anfangs nicht sicher, ob das Konzept eines stationären Warenhauses aufgehen würde, ob die Kunden, die Manufactum bisher als Versandhaus kannten, auch so zahlreich in die alte Zeche Waltrop strömen würden, damit sich das Ganze rechnet. Doch es kommen viele, um zwischen den originellen und teilweise altmodischen, genialen und hochwertigen Produkten zu schlendern und das eine oder andere Gerät auszuprobieren.

Auch, wer eigentlich schon alles hat, findet hier sicher das ein oder andere »must-have«. Wo gibt es sonst noch ein Standsieb aus Emaille, das altmodisch aussieht, aber praktischer nicht sein könnte? Dazu vielleicht noch für den Garten ein stilvolles Set Boule-Kugeln, die in standesgemäßem Köfferchen daherkommen? Auch ein kleiner Setzkasten, der vier Pfeifen enthält, die aus Weißdornholz, Messing, Leder und Gummi von Hand gearbeitet wurden, ist faszinierend. Mit diesen Pfeifen lassen sich die Vogelstimmen von Stockente, Amsel, Nachtigall und Kuckuck imitieren.

Ein Erlebnis für sich ist auch das angegliederte Gasthaus »Lohnhalle«. Es vereint puristische Schönheit und vollendete Architektur mit leckerem Essen. Wer etwas Köstliches mit nach Hause nehmen möchte, um es unter der neu erworbenen Lampe auf dem neu gekauften Tischchen zu verspeisen, der wird im Laden brot&butter fündig, wo man zwischen erlesenen Käsesorten aus Europa, Schichtkäse, deutschem Schinken und Bierspezialitäten aus belgischen Klöstern wählt. Schnäppchenjäger sollten auch einen Blick in die ehemalige Fördermaschinenhalle werfen. Hier kann man Restbestände und leicht beschädigte Ware günstig erwerben.

Manufactum · Hiberniastraße 4 · 45731 Waltrop
Tel. 02309-939142 · www.manufactum.de

98 Ich kletter in Wetter

Auf den ersten Blick sieht dieser Kletterpark aus, als hätte ein Biber im Höhenrausch ein fleißiges Werk verrichtet: Hoch in den Bäumen spannen sich Wackelbrücken, Affenschaukeln und Steigbügel. Das eng vernetzte Wegenetz in den Wetteraner Wipfeln wartet darauf, erkundet zu werden!

Es gibt die zähen Zeitgenossen, die es lieben, an Seilen, Wänden und Bäumen hochzuklettern. Sie schätzen die Mischung aus Anstrengung, Höhenluft und Nervenkitzel und sind mit Leibern wie Tarzan gesegnet. Und dann gibt es jene Menschen, die ein wenig Sport mögen, das allzu große Risiko scheuen und nur vorsichtig mal ein bisschen kraxeln wollen. Beide Gruppen sind im Kletterwald Wetter gut aufgehoben.

Insgesamt gibt es 13 Parcours. Die blauen Parcours eignen sich für Neulinge, die erst einmal ein Gefühl für das Klettern und die Höhe entwickeln wollen. Eine fantastische Aussicht auf den Harkortsee hat man von einer Aussichtsplattform, die Teil der Mont-Blanc-Runde ist.

Etwas herausfordernder sind die rot markierten Strecken. Durch jede Ecke des Waldes schlängelt sich die bis zu 13 Meter hohe Sella Ronda. Den unbestrittenen Höhepunkt bildet die Riesenrutsche namens RR140, die 140 Meter Geschwindigkeitsrausch verspricht.

Zu den pink markierten Routen gehört die von Insidern Tarzan Parcour genannte Route. Nach dem Sturz in die Tiefe rutscht man quer durch den Wald, dann warten einige schwierigere Herausforderungen darauf, gemeistert zu werden.

Mit »schön schwer« ist die schwarze Strecke namens K2 wohl am besten beschrieben. Wer hier zum Gipfelstürmer werden möchte, erklimmt mit den 18 Metern Höhe zugleich auch den höchsten Kletterparcours in ganz Nordrhein-Westfalen. Ein besonderes Erlebnis ist der Free Fall Parcours. Hier klettert man nicht direkt gesichert, sondern wird im Falle eines Falles von einem Netz mit doppeltem Boden aufgefangen.

Kletterwald · Harkortberg · 58300 Wetter (Ruhr)
Tel. 06198-5190190 · www.kletterwald-wetter.de

99

Römische Rätsel

Superlative sind gut, Geheimnisse sind spannend – deshalb ist der Archäologische Park Xanten so reizvoll. Das Gelände der einstigen Römerstadt Colonia Ulpia Traiana ist Deutschlands größtes archäologisches Freilichtmuseum. Besonders faszinierend ist, dass noch längst nicht alles entdeckt und erklärbar ist.

Für einen Zeitraum von rund 400 Jahren war dies einer der bedeutendsten römischen Orte in Germanien. Fast 10 000 Männer, Frauen und Kinder lebten in der imposanten Stadt, die Kaiser Trajan um 100 n. Chr. Colonia Ulpia Traiana genannt hatte. Dass das heutige Museumsgelände seit dem Mittelalter kaum besiedelt war, ist ein wahrer Glücksfall für Archäologen. Seit 1977 können sie hier die Überreste der römischen Stadt ungestört ausbuddeln, erforschen und präsentieren. Originalgetreue Nachbauten wie der imposante Hafentempel und das große Amphitheater, Wohnhäuser und sogar Badeanlagen vermitteln einen lebendigen Eindruck vom römischen Alltag. An lauen Sommerabenden ähnelt ein Bummel durch das weitläufige Areal und die Nachbauten einem Kurzurlaub im antiken Rom.

Derweil geben Fundamente, die man 2012 am Rand der Römerstadt fand, den Wissenschaftlern Rätsel auf. Solch einen Grundriss haben die Archäologen vorher noch nie gesehen. Es muss sich um ein öffentliches Gebäude gehandelt haben, so viel steht fest, aber ansonsten ist die Bestimmung des im 2. oder 3. Jahrhundert errichteten Baus bisher nicht möglich.

Besucher sind eingeladen, am Römerfest teilzunehmen oder im Spielehaus die Brett- und Geschicklichkeitsspiele der Römer auszuprobieren sowie sich ebenfalls Gedanken über den Zweck des rätselhaften Riesengebäudes zu machen. Wer es weniger mit der Theorie, aber mehr mit der Praxis hat, der kann an den römischen Wochenenden Gladiatoren beim Training zusehen, römische Häppchen probieren oder das Gespräch mit (fast) echten Legionären suchen.

Archäologischer Park Xanten · Trajanstraße 4 · 46509 Xanten
Tel. 02801-7120 · www.apx.lvr.de

Register

Burgen und Schlösser

Gastronomien

Kirchen und Klöster

Museen und Sehenswürdigkeiten

Outdoor

Städte

CV Autoren

Ulrike Katrin Peters und **Karsten-Thilo Raab** haben sich als Autoren, Journalisten und Fotografen auf Großbritannien, Irland und Skandinavien und das Ruhrgebiet spezialisiert, berichten in zahlreichen Publikationen, Büchern und Magazinen aber auch in Wort und Bild über andere Destinationen weltweit.

Zuhause fühlen sie sich aber im Ruhrgebiet, das sie per Rad, Bus, Bahn, Wanderstiefel, kulinarisch und kulturell lieben gelernt haben. Während Karsten-Thilo Raab im zarten Alter von drei Jahren ins Ruhrgebiet »verpflanzt« wurde und sozusagen als westfälisches Urgestein hier aufwuchs, verschlug es Ulrike Katrin Peters zum Studium an die Ruhr. Was für sie anfänglich wie eine »Zwangsehe« mit einer industriell geprägten Region aussah, entwickelte sich schnell zu einer leidenschaftlichen Liebe für die vielfältigen Möglichkeiten und den offenen Menschenschlag der Region. Für den vorliegenden Reiseführer begleitete beide der fünfjährige Nachwuchs als kleinster Reisejournalist der Welt und gemeinsam beschloss man, dass der vorliegende Reiseführer eigentlich den Untertitel »Hinter jeder Ecke ein Abenteuer« zu tragen habe, so erlebnisreich gestaltete sich die Recherche.

Ebenfalls erhältlich ...

ISBN 978-3-7654-4643-6

ISBN 978-3-7654-4833-1

ISBN 978-3-7654-5447-9

ISBN 978-3-7654-5179-9

BRUCKMANN

www.bruckmann.de

Unser komplettes Programm:

www.bruckmann.de

Produktmanagement: Ulrich Jahn
Lektorat: Linde Wiesner, Pullach im Isartal
Satz/Layout: graphitecture book & edition
Repro: Repro Ludwig, Zell am See
Umschlaggestaltung: Thomas Uhlig, Augsburg
Kartografie: Kartographie Huber, Heike Block, München
Herstellung: Bettina Schippel, Barbara Uhlig
Printed in Slovenia by Korotan

Alle Angaben dieses Werkes wurden vom Autor sorgfältig recherchiert und auf den aktuellen Stand gebracht sowie vom Verlag geprüft. Für die Richtigkeit der Angaben kann jedoch keine Haftung übernommen werden. Für Hinweise und Anregungen sind wir jederzeit dankbar. Bitte richten Sie diese an: Bruckmann Verlag GmbH / Postfach 40 02 09 / D-80702 München
E-Mail: lektorat@verlagshaus.de

Bildnachweis:
Alle Bilder von Karsten-Thilo Raab, außer: Deutsches Bergbau Museum: S. 10; Botanischer Garten Bochum S. 15; Stiftung Eisenbahnmuseum Bochum: S. 16; Gerhard Strelow S. 19; Arnoldius: S. 21 oben; Traberfoto-sx.de: S. 30; Road Stop Motel: S. 34; Dirk Ercken/shutterstock.com: S. 56; Café Kaldi: S. 59; Ulrike Katrin Peters: S. 74, 77, 93, 164, 190 u.; Prachtlamas.de: S. 90; Westheide Tours & Events, Ralf Sostek: S. 100; Schloss Hohenlimburg GmbH: S. 104/105; LWL-Archäologie für Westfalen/Anner: S. 112; LWL-Industriemuseum/Annete Hudemann: S. 122; LWL-Achäologie für Westfalen: S. 128; Arnold Paul S. 135 u.; Hans Peter Schaefer S. 136; Janfeld S. 138/139, Infracor GmbH: S. 141; Stadt Mülheim an der Ruhr: S. 153; Top Secret: S. 158 u.; Sea Life: S. 160 o.; Michael Kaub: S. 172; Frank Vinken: S. 178/179; LWL, A. Hudemann: S. 180; Manufactum: S 182; Kletterwald Wetter: S. 185

Umschlagsvorderseite: Kompressor: Juli Berlin/shutterstock.com, Weltkugel: Thomas Uhlig, Augsburg
Umschlagrückseite: Delfin: ArchMan/www.shutterstock.com

Die Deutsche Nationalbibliothek verzeichnet diese Publikation in der Deutschen Nationalbibliografie; detaillierte bibliografische Daten sind im Internet über http://dnb.d-nb.de abrufbar.

 ISBN 978-3-7654-6538-3